「红星闪闪·广昌红色故事集」一书，对于我们继承党领导人民进行伟大社会革命的优良传统，传承红色文化基因，推进新时代爱国主义、集体主义、社会主义教育，都会裨益良深。

滕文生

2023 年 7 月 10 日，原中央文献研究室主任滕文生同志为本书题词

《红星闪闪——广昌红色故事集》
编纂委员会

主　任　易忠华
副主任　段学文　陈　晨　胡叔敏
委　员　葛江涛　何予波　廖小平　谢街生

《红星闪闪——广昌红色故事集》编辑部

主　编　胡叔敏（兼）
副主编　魏叶国　杨菊秀
编　辑　谢街生　揭国柱　黎国兴

中共广昌县委宣传部
广昌县文化广电新闻出版旅游局　⊙编著
广昌红色文化研究会

红彤彤

广昌红色故事集

江西人民出版社
Jiangxi People`s Publishing House
全国百佳出版社

图书在版编目（CIP）数据

红星闪闪 : 广昌红色故事集 / 中共广昌县委宣传部 , 广昌县文化广电新闻出版旅游局 , 广昌红色文化研究会编著 . -- 南昌 : 江西人民出版社 , 2023.7

ISBN 978-7-210-14752-7

Ⅰ . ①红… Ⅱ . ①中… ②广… ③广… Ⅲ . ①革命故事—作品集—中国—当代 Ⅳ . ① I247.81

中国国家版本馆 CIP 数据核字 (2023) 第 114180 号

红星闪闪——广昌红色故事集
HONGXING SHANSHAN——GUANGCHANG HONGSE GUSHI JI

中共广昌县委宣传部　广昌县文化广电新闻出版旅游局　广昌红色文化研究会　编著

策 划 统 筹：黄心刚
责 任 编 辑：魏如祥
装 帧 设 计：同异文化传媒

江西人民出版社　出版发行
Jiangxi People's Publishing House
全国百佳出版社

地　　　址：江西省南昌市三经路 47 号附 1 号（330006）
网　　　址：www.jxpph.com
电 子 信 箱：27867090@qq.com
编辑部电话：0791-86895309
发行部电话：0791-86898815
承 印　厂：南昌市印刷十二厂有限公司
经　　　销：各地新华书店

开　　　本：787 毫米 × 1092 毫米　1/16
印　　　张：13.75
字　　　数：185 千字
版　　　次：2023 年 7 月第 1 版
印　　　次：2023 年 7 月第 1 次印刷
书　　　号：ISBN 978-7-210-14752-7
定　　　价：48.00 元
赣版权登字 -1-2023-271

序

    在全面贯彻党的二十大精神、全党深入开展学习贯彻习近平新时代中国特色社会主义思想主题教育之际，广大干部群众和青少年热切期盼的《红星闪闪——广昌红色故事集》，终于与大家见面了。这既是广昌红色文化资源挖掘、研究和利用工作的又一力作，也是广昌人民政治生活中具有重要意义的一件大事。

    广昌是中央革命根据地的战略锁钥，是中央苏区的北大门。在土地革命时期，毛泽东五进广昌，点燃了广昌土地革命烈火；周恩来、杨尚昆等老一辈无产阶级革命家也先后来到广昌进行伟大的革命实践；朱德、彭德怀、刘伯承、贺龙、陈毅、罗荣桓、徐向前、聂荣臻、叶剑英等9位开国元帅，粟裕、黄克诚、陈赓、谭政、张云逸、罗瑞卿等6位开国大将，萧克、张宗逊等27位开国上将和数百位开国中将、少将曾经浴血广昌。在那段血与火的斗争岁月里，红军将士的足迹遍布旴江两岸，烈士的鲜血染红了广昌的山山水水。广昌苏区人民为了捍卫红色政权、支援革命战争，前仆后继、艰苦奋斗、无私奉献，其事迹可歌可泣，其精神感天动地！

    为了缅怀革命先辈的丰功伟绩，传承红色基因，发扬革命传统，本书编辑部以广昌苏区军民奋斗历史为主线，编撰了这部《红星闪闪——广昌红色故事集》。书中生动记述和还原了苏区时期广昌这片红土地上发生的重大事件、涌现的英雄人物、影响深远的典型事迹。全书分7个篇章，以60个红色故事，讴歌了中国共产党领导下的中央红军和广昌苏区人民不屈不挠、英勇顽强、不怕牺牲的伟大精神，展现了广昌这片土地深厚的红色底蕴。

我们把这部《红星闪闪——广昌红色故事集》呈献给广大读者，是希望能激励后人以革命先辈为榜样，弘扬苏区精神，赓续红色血脉，从中汲取前行的力量。

《红星闪闪——广昌红色故事集》不仅是一部具有浓郁苏区特色的红色故事集，也是一本弘扬苏区精神的力作。它不仅是广大干部群众学习党史、革命史和广昌地方史的生动读本，也是全体青少年进行爱国主义和革命传统教育的鲜活教材。因此，也推荐给全县中小学校，将其列入校本教材的重要内容，期望本书能带给青少年学生红色文化的滋养。

讲好中国故事，讲好红色故事，是我们义不容辞的责任。宣传好本土的红色故事，传播好广昌的红色文化，也是我们工作的初衷。我们热切希望读者特别是广大青少年，通过红色故事的阅读和学习，能够学史明理、学史增信、学史崇德、学史力行，坚定不移听党话、跟党走，在全面建设社会主义现代化国家、实现第二个百年奋斗目标的新征程上砥砺前行！

2023 年 4 月 17 日

（吴自胜，中共广昌县委书记）

目　录

第三编　土地革命烽火

第四编　开国将帅浴血广昌

第一编

大革命洪流

1 热血写春秋

——记广昌革命先驱朱天池烈士

朱天池烈士塑像
（广昌县革命烈士纪念馆藏）

朱天池是广昌县早期共产党员，大革命时期广昌工农运动的发动者、组织者、领导者。1906 年 4 月 30 日，朱天池出生在水南圩乡大庄下村一个贫苦农民家庭。1925 年前后，朱天池在南昌鸿声中学读书，并在此期间参加革命，加入了中国共产党。

1927 年 1 月，根据时任江西省农民协会筹备处负责人方志敏和江西省学联主席邹努的指示，朱天池等一批广昌籍进步学生利用寒假回到广昌，在民众中宣传革命思想，组建革命组织，开展革命活动。1927 年 1 月底，朱天池等人在县城傅家祠堂（地址在今翡翠城住宅小区），先后成立了"革命青年同志会"和"青年合作社"，并组织了暴动队，提出了"耕者有其田""铲除贪官污吏"等革命口号。参加这两个革命组织的有贫苦工人、农民、进步知识分子、开明绅士等，共计会员100余人。这两个组织成立后，立即在县城和乡村张贴革命标语，向广大群众宣传革命道理。革命思想和主张在群众中的影响愈来愈大，革命组织日渐壮大。

广昌革命组织的成立引起了国民党右派势力的极度恐慌。1927年2月，以国民党广昌县党部主任饶航普（又名饶同钦）为首的国民党右派，阴谋抓捕工农运动的领导者和国民党左派人士。2月16日（农历正月十五日）正值元宵节，国民党右派在县政府（驻地遗址在今县政务中心）隔壁的书院里演"文明戏"，进行反对工农运动的反动宣传。革命组织决定对国民党右派进行反击。当晚，暴动队8名队员先到戏场门口人群中进行革命宣传，一时间群情激愤，在门外的携带武器的19名队员趁机冲进戏场。在院内看戏的国民党右派分子见状急忙下令法警开枪，暴动队不畏强暴，奋不顾身夺下法警4支枪，活捉了饶航普、饶松甫、赖大安三名国民党县党部右派首要分子。之后，暴动队连夜派出队员奔赴附近各乡村，组织发动群众，准备第二天在县城进行示威游行。2月17日，各乡村3000多名群众携带梭镖、铁尺、木棍等，冒着雨雪赶到县城。革命群众高呼"铲除贪官污吏！""打倒土豪劣绅！""打倒饶航普、打倒饶松甫、打倒赖大安！"等口号，押解戴着高脚纸帽的三名国民党右派分子上街，进行声势浩大的示威游行。这次游行沉重打击了国民党右派的反革命嚣张气焰，大涨了工农群众的革命志气。

1927年5月，受江西省农协委派，朱天池在广昌组织农民协会。朱天池以原革命青年同志会、青年合作社为基础，成立了广昌农民协会筹备会，并将原暴动队改为农民自卫军，农协筹备会驻地设在县城骑骆楼谢紫质公祠（地址在今县教育局职工宿舍旁）。

农协筹备会成立后，朱天池迅速组织会员深入各乡村屋场、田间地头宣传农民协会的宗旨、章程。每逢圩日，还派出宣传组拿着小旗到各乡街演讲。在城乡到处张贴"工农兵学商大联合""实行联俄、联共、扶助农工""实行耕者有其田""打倒土豪劣绅"等标语。农协筹备会在乡村还开展了"雇农、佃农、自耕农、半自耕农"的调查和登记工作，对土豪劣绅和地方反动势力欺压、盘剥当地群众的不法行为实行坚决打击。因此，农民协会深得广大工农群众的拥护。在广大民众的支持下，县农协迅速发展，会员达数百人，外围群众数千人。在朱天池等共产党人的带领下，广昌的工农运动如火如荼，革命烽火席卷县城及周边乡村。

1927 年，蒋介石发动四一二反革命政变后，国民党江西省政府主席朱培德于 6 月 5 日发布"限共"令，宣布"停止全省工农运动"，革命形势日益严峻。6 月 6 日，朱天池领导的县农民协会等革命组织撤出县城，转移到当时有一定群众基础的长桥区域，继续坚持革命活动。在白色恐怖之中，朱天池意志坚定，不屈不挠，到长桥后重建了一支100 余人的农民自卫军，拥有十余支步枪、几十门土炮、上百支鸟铳。当国民党反动政府开始镇压工农运动、屠杀革命人士的时候，他领导革命队伍在长桥、水南一带，与国民党反动势力展开了艰苦卓绝的斗争。

1927 年 6 月至 1928 年 1 月，朱天池等共产党人带领革命群众与敌人在长桥、水南一带坚持斗争半年多。在敌强我弱的形势下，寡不敌众，革命队伍被打散，朱天池亦于 1928 年 1 月初在长桥被国民党右派勾结土匪廖其祥（又名廖荣昌）俘获。1 月 7 日，朱天池和 70 余名革命群众被国民党反动派杀害在长桥乡科头西北面的一个山岭上（此地因此后来被当地人称为"杀人岭"）。这些革命志士在遇害前宁死不屈，就义时朱天池带头高呼"工农革命万岁！""打倒国民党反动派！"霎时，革命口号声响彻山谷上空。

在革命低潮时期，面对敌人的残酷镇压，朱天池等革命者不畏强暴，在党的领导下组织革命队伍与国民党反动派作顽强斗争，开展了轰轰烈烈的工农运动，唤醒了穷苦的工农群众，使广昌人民受到了一次深刻的革命思想启蒙教育，为后来的广昌土地革命和苏区事业发展奠定了重要的群众基础。

广昌革命先驱朱天池烈士永垂不朽！

（胡叔敏）

2 爱国绅士高明配、谢筱山

高明配和谢筱山都是广昌县平西镇（今旴江镇）人，是大革命时期广昌的爱国绅士的代表。两人都出生于 20 世纪初，高明配是广昌县城平西饭店店主，谢筱山是百货商行老板。在大革命时期，他们在朱天池等共产党人的影响下走上了革命道路。

1927 年初，大革命洪流席卷广昌。1 月初，广昌早期共产党员、在南昌读书的朱天池等人，遵照江西省农民协会筹备会负责人方志敏和江西省学生联合会主席邹努的指示，在寒假期间回到广昌，在城乡宣传反帝反封建的革命思想，组织革命团体，开展革命活动。在共产党人的感召下，高明配、谢筱山等一批开明绅士先后参加了朱天池等共产党人发起的"革命青年同志会""青年合作社"，并成为这两个革命组织的骨干。高明配、谢筱山等还向革命组织提供了大量的资金和物质帮助，为革命的活动顺利开展提供了有力的支持。

1927 年 8 月 1 日，共产党人在南昌举行八一起义，打响了武装反抗国民党反动派第一枪。8 月 16 日，南下的八一起义部队到达广昌。当时，广昌农民协会派出黄匡华、高明配、谢筱山等群众代表随同国民党县政府县长汤武（系国民党左派人士），到县城北郊长生桥迎接起义部队。起义部队进入县城后，高明配利用自己开设的饭店，牵头在县城城隍庙（现县教育局南侧）等地设立招待所，安排起义部队食宿。谢筱山发动群众为起义军筹备了大批粮食、稻草等物资。高明配、谢筱山等革命群众的义举，为八一起义部队在广昌开展革命活动提供了有力的支持。

19日，起义部队离开广昌县城。出发前夜，起义部队送给广昌的革命组织40支步枪。高明配、谢筱山连夜组织妇女群众，在招待所为起义部队准备了大量的炒米、米糍、红薯等干粮。部队出发时，县农民协会组织数千群众夹道欢送。周恩来、贺龙等起义军领导人向欢送的群众挥手致意，感谢广昌革命组织对起义军的大力支持，对高明配、谢筱山等革命群众的热情接待表示感谢！

此前的6月5日，国民党江西省政府主席朱培德已发布"停止全省工农运动"的"限共"令。11月，国民党广昌县政府县长黄人庸发布"共匪不除，鲁难未已"的通缉令，开始镇压工农运动。在白色恐怖下，朱天池带领革命组织和部分革命群众，转移到长桥一带，继续坚持革命活动，并以原农民自卫军为基础，重新组建了一支近百人的革命队伍。他们拿起了武器，与国民党反动势力进行不屈不挠的斗争。此时的高明配、谢筱山抛家舍业，跟随共产党人朱天池一直在长桥、水南一带坚持革命斗争。

1928年1月初，国民党反动派勾结土匪头目廖其祥，包围了农民协会在长桥的驻地。经过血战，终因寡不敌众，朱天池和高明配、谢筱山等70多名革命者被俘。1月7日，被俘的70多名革命者全部被杀害在长桥科头村西北面的一个山岭上。高明配、谢筱山因支持参与革命活动和接待了八一起义部队，被黄人庸以"通匪罪"同时杀害。这些革命志士在遇害前宁死不屈，用自己的热血和革命意志，谱写了广昌大革命时期的一段悲壮历史。

长桥乡科头村的这个山岭，因70多名革命者被集体杀害于此，故后来当地群众把这里称为"杀人岭"。

广昌县长桥乡中堡科头村"杀人岭"（谢街生摄影）

　　高明配、谢筱山等革命烈士牺牲至今 90 多年了，但他们不畏强暴、献身革命的英勇事迹仍然在人民群众中口口相传。他们的革命精神光照日月，他们的壮举与山河同在！

（胡叔敏）

第二编

伟人情留广昌

3 八一起义风卷广昌

1927 年 8 月 1 日凌晨，在以周恩来为首的前委领导下，贺龙、叶挺、朱德、刘伯承等率领在党直接掌握和影响下的军队 2 万余人，举行南昌起义，打响了中国共产党武装反抗国民党反动派的第一枪。8 月 3 日，起义军三万多人撤出南昌，向广东进发。8 月 16 日，八一起义部队途经临川、宜黄后到达广昌，在广昌掀起了反帝反封建的革命风暴。起义部队进入广昌县境后，国民党县政府县长汤武（系国民党左派人士）和农协筹备会黄匡华带领部分农协会员和革命群众到县城北长生桥迎接。广昌的革命组织还在县城设立了招待所，由开明绅士高明配、谢筱山等人负责为起义部队筹集了大批粮食、柴、稻草等军需物资，安顿起义军的生活。

起义部队到达广昌县城的当天晚上，召开了军人大会，起义代总指挥贺龙在大会上要求战士们严格执行革命纪律，保护工农群众利益。会后，起义部队向广大群众宣传革命道理，宣传起义军是革命的队伍，是保护人民利益的队伍，并且四处张贴"打倒国民党反动派！""打倒土豪劣绅！""保护中小工商业主！"等标语。之后，起义军还打开监狱，释放了被关押的群众。起义部队纪律严明，不拿群众一针一线，买卖公平，待人和气，他们完全没有旧军队欺压百姓的作风，不抓夫，不扰民，不抢劫绑票，不敲诈勒索。严明的纪律与优良的作风，使这支部队很快获得了群众的爱戴和支持，广昌各界（包括工商界及开明绅士等）都给予起义部队以热情的欢迎和接待。

17 日，起义部队在老东门口文庙旁召开了有数千人参加的群众大会，起义部队领导人叶挺、郭沫若、李立三先后登上主席台讲话，号召工农群众起来革命，打倒土豪劣绅，打倒国民党反动派，推翻封建反动统治。同时，周恩来在县城某庭院内召集的教导团会议上讲话指出："南昌起义的意义在于用革命的武装反对反革命武装。大家要在战斗中学习，在战斗中成长，把自己锻炼成为勇敢无畏的战士，为革命尽到自己的责任。"18 日，起义部队在广昌召开了中共第二十军第三师党代表会，选举产生了中共第三师委员会，周逸群为书记，陈赓等为委员。随后，各团召开了党员大会，并以团为单位成立了党支部。

19 日，起义部队分左右两翼南下，二十军为左翼，即日到白水（今赤水），20 日到驿前；十一军为右翼，当日到头陂。起义军在广昌境内，沿途受到群众的热烈欢迎。在白水、驿前、头陂等地，起义部队召开了群众大会，宣传革命道理，号召群众打倒土豪劣绅。在驿前，贺龙所率的二十军军部驻扎在驿前街上的"七栋厅堂"里，并在驿前开展了打土豪的工作，镇压了曾担任过国民党县长的大土豪赖来臣，国民党省政府参议员赖宝邦、赖瑞凡等，并贴出了公告，宣布他们一贯欺压人民、剥削劳动群众的罪状。同时，还召集 20 多个土豪抽了款，筹为军饷。8 月 26 日起义部队全部离开了广昌县境。

八一南昌起义部队在广昌的时间虽然不长，但他们的革命活动对广昌当时的封建反动势力给予了沉重的打击，起义部队用行动证明：共产党领导下的军队是真正为人民谋幸福的军队。起义部队向广昌人民宣传了革命道理，留下了革命的火种，为后来的工农红军在广昌开辟革命根据地、开展土地革命斗争奠定了思想基础。起义部队还影响了一大批进步青年，后来的广昌籍抗日名将符竹庭等就是在这个时候加入起义部队、参加革命的。

　　在后来的土地革命斗争中，周恩来一直情系广昌。1932年8月底组建南广中心县委时，周恩来亲自提名余泽鸿担任县委书记，并且多次致信南广中心县委，对南广工作给予了极大的关注。1932年10月14日，周恩来和朱德在广昌召开军事会议，签发了《建黎泰战役计划》。随后，率红一方面军连克建宁、黎川、泰宁三座县城。1934年4月，在瑞金留守的周恩来对广昌保卫战战况十分关切，后又亲自撰写了《红星》第40期社论《广昌虽然陷落了，我们无论如何要粉碎敌人！》，其中批评了"单纯防御的堡垒主义"和"保守主义的分兵把口子"的作战方式。

（胡叔敏）

苦竹的春雷

4

——毛泽东一进广昌

　　1929 年 3 月至 1932 年 8 月三年多的时间里，毛泽东五进广昌，点燃了广昌土地革命的烈火，谱写了广昌革命斗争的伟大篇章。

　　1929 年春，毛泽东率领红四军在转战赣南、闽西的征途中，首次来到广昌苦竹，播下了土地革命的火种。

　　苦竹，位于广昌西北部的翠雷山下，是个四面环山的小圩镇。1929 年 3 月 2 日，毛泽东率领红四军从宁都的肖田出发，经南丰的黄龙坑，来到境内的苦竹圩。

　　当天上午，红军的先头部队走进苦竹，在街上开展革命宣传活动：有的向群众宣讲革命道理；有的张贴《红军第四军司令部政治部布告》《告商人及知识分子书》；有的就在街上刷写"抗租抗债！""打倒土豪劣绅！"等标语……当地群众感受到一阵阵春风扑面而来。

　　晚上，毛泽东在苦竹新街包洛口家的店里，召开贫苦农民座谈会。包洛口店里两侧墙壁上斜插着松明子，中间摆着一张八仙桌和几条长凳，桌子上点着一盏菜油灯。在灯光下，石兰生、饶爵一、章厚礼、李祖仁等十多位贫苦农民一起围坐着，倾听这位中共中央政治局候补委员讲话。

油画《毛泽东在广昌苦竹召开农民座谈会》（广昌县博物馆供图）

　　毛委员看见这些贫苦农民穿得又少又破，关心地问："你们穿这点衣服不冷吗？"

　　贫苦农民们说："冷呀，又有什么办法呢？饭都吃不饱，哪有钱来做衣裳！"

　　毛委员说："我们穷人吃不饱，穿不暖的原因，主要是受国民党反动派的压迫，受土豪劣绅、资本家剥削的结果。穷人要翻身，只有团结起来，跟着共产党，组织农民协会，推翻反动统治，建立农民武装，与国民党反动派进行斗争。只有打倒国民党反动派，打倒土豪劣绅，我们穷人才能过上好日子……"

　　大家聆听着毛委员的亲切话语，从中悟清了许多革命的道理，心里亮堂起来，都觉得毛委员说的话，句句在理，说到了自己的心坎上。因此，倍感毛委员亲切，都情不自禁地把身子向毛委员靠得更拢了。

　　毛委员接着鼓励大家说："不管革命道路多么曲折，穷人要组织起来，坚持斗争，革命就一定会胜利。"直到深夜，参加座谈会的贫苦农民才恋恋不舍地告别毛委员。

毛委员与贫苦农民座谈的消息，就像那和煦的春风，很快就吹遍了翠雷山区（原属苦竹）。毛委员在座谈会上讲的话语和道理，又像是一声春雷，唤醒了受苦受难的劳苦大众。从这之后，常有贫苦农民来到石兰生、饶爵一等人的家里，询问毛委员的谈话内容，大家越听心里越明亮。石兰生总是对大家说："毛委员说，只有跟着共产党闹革命，穷人才能翻身。"听完石兰生、饶爵一的转达，大伙纷纷要求他俩领着大家与土豪劣绅作斗争。

不久，红军独立二、四团东路办事处委派共产党员、红军战士陈富生来到南丰县黄龙坑一带的瞿村、洽村等地发动群众组织农会，并在洽村圩建立了党组织。此时，受毛委员的启示和鼓舞，苦竹民众的革命情绪日益高涨，农民运动逐步兴起。1929 年 8 月 3 日，陈富生等带领黄龙坑赤卫军来到苦竹指导农民运动，并于当天组织成立了土地革命时期广昌县第一个农民协会——苦竹农民协会，还选举石兰生为委员长，饶爵一和李祖仁为委员。随后，石兰生代表农协会讲话。他说："我们成立农民协会，就是依照毛委员的指示开展革命活动。毛委员还号召我们要拿起武器，打倒国民党反动派，斗倒土豪劣绅……"

苦竹农民协会成立后，大家决定趁热打铁，开始在苦竹地域开展打土豪、分田地工作。他们首先准备揪斗大土豪、做过苦竹反动团练局局长的黄汗青。出发前，陈富生作了动员，他说："土豪家的东西都是剥削穷人的，现在我们去打土豪，就是夺回自己的劳动果实！"群众群情振奋，农协组织的群众队伍高喊着"打倒土豪劣绅！""一切权力归农会！"等口号，浩浩荡荡地来到黄汗青家里，把黄汗青抓出来，给他戴上纸糊的高帽，用梭镖、鸟铳押着他游街示众。同时，贫苦农民又冲进上房，打开橱仓，没收了黄汗青的财产，罚了他 400 块银洋。

第二天，农会带领全体会员，又到土豪刘云南家和专放高利贷的董细里家，清算了他们压迫和重利盘剥群众的罪行。从此，苦竹农民协会声威大震，贫苦农民拍手称快。

经过多次斗争的考验，1929 年 8 月底的一天晚上，由陈富生提议，经上级党组织批准，石兰生、饶爵一、黄贵球等六位表现积极的贫苦农民加入了中国共产党，并成立了广昌县第一个党支部——中共苦竹党支部。

苦竹党支部成立后，按照毛委员建立与扩大革命根据地的指示，党支部立即派人到苦竹圩周边进行革命活动，积极串联贫苦农民组织农民协会。9 月 2 日，尧山农民协会宣告成立。随后，小罗岭、大罗岭、严坑、坪田、龙塘、中葛屋、新田等地的贫苦农民，在苦竹党支部的领导下，相继建立了农民协会。至此，翠雷山下土地革命的烽火熊熊燃起。

苦竹党支部成立不到十天，还依照毛委员关于建立农民武装的教导，组织建立了广昌县第一支农民武装——苦竹农民赤卫队。在党的领导下，农协会和赤卫队带领贫苦农民冲进地主豪绅的家里，打开谷仓，挑回自己种出来的谷子；打开箱笼瓮罋（bèng），拿出衣服、食物；搜出并烧毁豪绅家的账本、契据和租约。与此同时，在群众的强烈要求下，还枪毙了罪大恶极的黄汗青和苦竹钱粮局的恶棍黄培依。

在党组织领导下，苦竹这块红色区域一天天地扩大，革命的洪流滚滚向前，1929 年 11 月，苦竹又成立了广昌县第一个红色政权——苦竹乡革命委员会，原苦竹农民协会委员长、共产党员石兰生当选为第一任乡革委会主席。

自此，毛委员亲手在苦竹播下的革命火种，越烧越旺，很快就蔓延到盱江两岸，遍及广昌城乡。至 1931 年夏，广昌成为中央苏区的全红县。

（魏叶国）

5　白水寨街头的红军布告

　　1929 年 3 月 5 日，毛泽东率领红军来到白水寨（今广昌赤水镇），对在筹款工作中违反工商政策的红军干部进行批评教育，赢得了工商业者和当地群众的称颂与支持，此事在当地一直被传为佳话。

　　3 月 5 日上午，军需处处长范树德随同先头部队，来到白水寨街上的吴家祠。他把行装放在祠堂的泰顺甡布号的伙房后，带着几个战士到街上张贴《红军第四军司令部布告》和《告商人及知识分子书》，接着他们来到白水寨的商会，打算向商会筹款。因范树德负责红四军的军需工作，所以大家都称他为范军需。

　　范军需到了商会后发现里面空荡荡的，连喊几声也无人回答，只好带着战士直接去各个商铺看看，但是接连走了几家商铺都关门闭户，一个人影也见不到。范军需又返回泰顺甡布号，找到店员赵维新等了解情况，才知道原委：由于国民党政府之前对共产党的"共产""共妻""放抢"的诬蔑宣传，县商会在一天前接到红军"白水寨商会筹集三千元银洋供给红军"的书面通知时，白水寨街上商行、货栈的老板们当即就四处逃走，生怕被红军没收了财产。

　　范军需顺便问道："你家的老板呢？"赵维新回答道："我家王经理早就躲回南丰老家了。"听到这个情况，范军需有点急了，对赵维新说："现在军情紧急，老板也都跑了，款子也筹不到，只好吃现饭了，你们

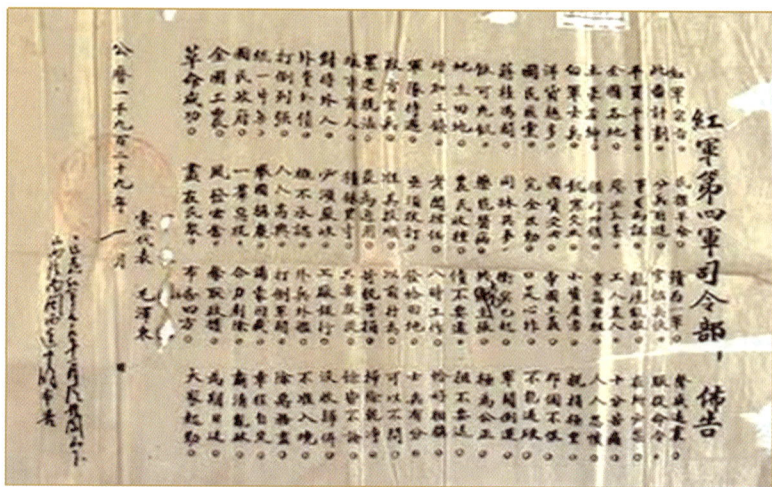

红军第四军司令部布告（广昌县博物馆藏）

就把店里的货物送给红军抵筹款吧。"赵维新只好从货架上的绸缎布匹中拣了几担给红军战士们挑走。

中午时分，毛委员和朱军长率领红军大队人马，沿着古驿道开进了白水寨。毛委员住在吴家祠的下厅，与军需处只隔一个厅堂。毛委员很快就知道了范军需没收泰顺甡布号货物的事，认为这是红军干部违背了《红军第四军司令部布告》规定的工商业政策，必须得到及时纠正。因此，他立即召集营以上干部开会，严厉批评了军需处的做法。毛委员在会上指出："现在是资产阶级民主革命，对地主兼商人只能没收封建剥削部分，商业经营部分不能动；如果有些特别坏的土豪、恶霸的商店，必须没收的也要出布告，宣布店主的罪状，让群众明白道理。"为了严肃军纪，当即给予范军需停职反省的处分。

范军需认识到自己错了，等会议一散，就急忙带着几个战士，把没收泰顺甡布号的东西送了回去，同时向赵维新等店员赔礼道歉，承认自己的做法是错误的。

正在这时，街上响起了敲锣声——要召开群众大会啦。

群众大会由朱德军长主持，毛泽东委员作了讲话，他强调指出："我们贫苦工农要认清当前军阀混战对革命有利的大好形势，要了解红军的宗旨、共产党的政策。"接着，便详尽地宣讲了《红军第四军司令部布告》和《告商人及知识分子书》，着重围绕筹款问题，就"城市商人，锱铢累寸，只要服从，余皆不论""工厂银行，没收归并"等书面语作了通俗易懂的说明，反复强调共产党的政策是取消苛捐杂税，保护中、小工商业，打击和没收地主买办及他们的财产。

散会后，群众三三两两地议论说："国民党的军队开到哪里，就抢到哪里。共产党的军队和他们太不一样，确实是咱穷人自己的队伍。""有这样的队伍，贫苦百姓就有盼头，革命一定能胜利！"

当天傍晚掌灯时分，军需处忙开了。原来，毛委员在群众大会上的讲话和范军需他们把货物送回泰顺牲（shēn）布号的行为，感动了白水寨的劳苦大众，也感动了那些店员和商人，他们相约来到白水寨商会，自报公议，主动筹集到 3000 多块银洋，并送到了军需处。

范军需看到这个热闹的场面，又是高兴，又是惭愧，激动地对着身边的战士们说："刚来的时候，我急于筹款，不讲政策。结果分文未得，倒还犯了错误。现在通过宣传党的政策，商人们消除了顾虑，主动送来这么多银圆，还超额完成了筹款任务，这充分说明按照党的政策办事，是多么重要啊！"

（魏叶国）

6 一张红色告示

1929年3月5日中午，白水寨的人们突然发现，大街墙上多出红色告示，大家围在布告前，议论纷纷。

3月5日一早，红四军先头部队从广昌县城出发前往白水寨，走到一个山坳里，遇到几个猪贩子赶着十多头又大又肥的猪。猪贩子们以为碰上了军阀部队，吓得弃猪而逃。部队以为是土豪的猪，就把它们当作浮财没收了。先头部队赶着猪到达白水寨后，就把这些猪都宰了，满心欢喜地等待着大部队的到来，想着可以改善改善伙食。

临近中午，毛泽东和朱德带领大队人马到达白水寨。毛泽东一到，就听说先头部队今日杀了十多头猪，觉得此事必有蹊跷。于是赶紧向战士、群众问清事由，才得知这些猪啊，是一伙杀猪贩子从石城贩来卖的猪。他当即找到有关的干部战士了解情况，并对他们进行了严肃的批评教育。

一些从旧军队过来的红军官兵小声嘟囔："真是小题大做，我们为百姓出生入死上战场，杀老百姓几头猪算什么？"毛泽东听了严厉告诫大家："我们是共产党的军队，为穷人打天下，绝不能拿用百姓的一针一线。"

毛泽东对相关干部和士兵进行了批评教育。同时要求派人贴出招领赔款布告，寻找那伙杀猪贩子，按照红军的纪律，要认真处理好这件事，挽回对红军造成的不良影响。于是，红军在白水寨街上贴出一张寻找杀猪贩子和赔款的布告。由此，就出现了开头的一幕。

看了布告后，群众对红军赞叹不已。白水寨的老人感动地说："咱们白水寨以前来过不少部队，不是抢粮就是抢钱，抓丁拉夫。别说杀几头猪了，就是杀几个人他们也不当回事。"乡亲们感叹道："这支红军可真不一般，竟能为这件事向老百姓赔款认错，真是了不起！"

红四军在毛泽东、朱德率领下，从井冈山一路走来，所到之处，打土豪，分浮财，筹军饷，拯救被关押的群众，传播革命火种，土豪劣绅闻风丧胆，贫苦百姓却是绝口称赞。

"莫以善小而不为，莫以恶小而为之"，纪律严明的红军获得了广昌百姓的衷心拥戴。一张普通的赔款布告，是理想信念的见证，诠释了中国共产党来自人民、为了人民、造福人民的根本宗旨，昭告了中国共产党领导下的军队是真正为人民谋幸福的军队。

一张暖民心田的布告，让老百姓看到中国共产党才是谋求中华民族解放的希望。

（胡　慧）

7 一篓铜板送温情

　　1929 年 3 月 6 日，毛委员和朱军长率领红四军离开了白水寨，于当天下午浩浩荡荡地来到了驿前街上。红军战士刚放下行李，就纷纷走上街头开展工作。他们张贴红四军布告，刷写革命标语，宣传革命道理，号召组织群众，打土豪，斗劣绅，分田地，闹翻身。

　　顿时，驿前街上像开了锅的水，沸腾起来。没多久，有许多当地群众聚集在一起，高喊"打倒土豪劣绅"等口号，冲进了驿前街上有名的大土豪、地头蛇赖希贤家里。

　　赖希贤早就听说红军要来了，他知道自己罪孽深重，群众不会放过自己，因此，先一天晚上就带着一家老小，挑了几担贵重财物，在喽啰们的保护下，乘着黑夜逃跑了。

　　见赖希贤已经逃跑，愤怒的群众火冒三丈。有个急性子的后生气愤地说："跑得了和尚跑不了庙，我们把他的房子烧掉，以解心头之恨！"很快，就有人在赖希贤的屋里点起了一把火。

　　火，越烧越旺，不一会儿就烧上了房顶，霎时间，火仗风势，风助火威，烈焰映红了半边天。不料火势太大，隔壁的躬背嫂家的竹篱笆墙被引着了，接着她家的两间房子也卷入了火海。闻讯赶来的红军指战员们赶紧找来木桶和脸盆提水灭火，有的战士架人梯上墙断火路。大家费了好大的力气，才把大火扑灭了。但是，躬背嫂家里的东西几乎都化为灰烬。一无所有的她搂住两个孩子坐在地上大声痛哭。

"天呀天嘞，这下什么东西都烧光了，这叫我母子三人该怎么活呀！我为何这般命苦呀！"老表们围着躬背嫂议长论短："唉，嫂子的命也真苦哟，这下一家人到何处安身呢？""今后的日子来怎么过哟？"

这时，一位干部模样的红军挤入人群。他满脸乌灰，显然是刚刚参与了灭火。他关心地对躬背嫂说："大嫂，请不要难过，我带你找毛委员去，他一定会帮你解决困难的。"

躬背嫂毫无反应，继续痛哭。

周围有的群众也劝告躬背嫂："去一下吧，听说红军是穷人的队伍，红军兴许能够帮忙解决。"有的则直摇摇头说："房子又不是红军烧的，去了也没用。"

平日不太喜欢开腔的街坊邻居赖成科建议说："躬背嫂已经哭得头晕脑胀，又带着两个孩子，怎么去呀？我看还是惠天叔陪这位红军长官去一趟吧。"群众都表示赞同。于是，惠天叔跟着那位红军干部来到了红军总部驻扎的白六汝公祠。只见上厅正中的方桌旁边，有一位个子高大的红军同志正在看文件。见外面来了人，高个子红军赶忙放下文件迎了上去，和气地对赖惠天说："老表叔，有事吗？来，请坐。"说话间，连忙搬过一条板凳。领着来的这位红军干部对赖惠天介绍说："这位就是毛委员。"接着，就向毛委员汇报刚才群众放火烧了大土豪赖希贤房子的情况。

毛委员认真地听完汇报后，回过头来，对赖惠天和气地说："豪绅们的房屋，也是我们穷人亲手盖起来的，将来革命胜利了，我们还用得着嘛，何必烧掉呢？今天烧了穷人的房子就更不对啰。"

赖惠天觉得很有道理，不住地点头称是。

毛委员接着又说："老表叔呀，你回去以后，要向群众宣传，不能再放火烧房子了，不管是谁的房子都不能烧，烧房子是违反党的政策和红军纪律的。今后哪个放火烧了房子，就要哪个赔偿损失。"

毛委员一面对赖惠天宣传红军的纪律和政策，一面叫那位红军干部到军需处领来一箩铜板，说是补偿躬背嫂的损失的，并郑重其事地嘱咐那位红军，要他亲手把这箩铜板交给受灾的躬背嫂。

赖惠天辞别毛委员，和那位红军干部抬着这箩铜板，兴冲冲地来到了还在冒烟的废墟坪，远远地朝躬背嫂喊道："躬背嫂，躬背嫂！快来领钱！"

躬背嫂看着来到身边的赖惠天，停下哭泣，问："领什么钱？"

"毛委员发给你的救济款，补偿你的损失！"赖惠天大声地答道。

那位红军干部把一箩筐铜板放在躬背嫂面前，和气地说："大嫂，这是毛委员叫我给你送来的，补偿你的损失。"

躬背嫂连忙说："不、不，这房子又不是红军烧的，怎么能叫毛委员破费呢？"

"大嫂，你就收下，毛委员说房子虽然不是我们烧的，但是我们的宣传工作做得不够，没有把政策给群众说清楚，所以老表们才会烧房子连累了你。这箩铜板，就算是补偿你的损失，请你一定要收下，这是我们红军的纪律。"那位红军一边开导躬背嫂，一边向周围的群众作自我检讨。

"纪律？"躬背嫂疑惑地重复了一句。

"毛委员刚才是这样对我说的。依我看，这房子是我们自己烧的，怪不得红军，这箩铜板完全是毛委员对我们穷人的一片心意呀！"赖惠天在一旁补充说。

这时，躬背嫂站起身来，随手理了一下散乱在脸上的头发，看看眼前的一箩铜板，看看这位红军，又转视一贯忠厚老实的惠天叔，然后又环顾了一下周围的乡亲们，渐渐地好像明白了，嘴唇喃喃地抖动着，好像有很多话要讲，可又不知从何讲起，只见她突然朝着那位红军干部跪了下来，说道："是呀，毛委员和红军真是我们穷人的恩人呀！"那位红军干部赶忙扶她起来。

接着，躬背嫂拉着那位红军干部的手，两个孩子也依偎在她的身边。她颤声抖气地说："请你代我谢谢毛委员，就说我躬背嫂的子孙后代也忘不了毛委员和红军的大恩大德！"

（魏叶国）

"广昌路上"著华章

8 ——毛泽东二进广昌

1930年1月中旬的一天，广昌的天气异常寒冷，到处冰天雪地、银装素裹。一支红军队伍冒着漫天飞舞的鹅毛大雪，行进在崇山峻岭间起伏崎岖的山道上。

这支队伍是中国工农红军红四军第二纵队，率领这支队伍的是中央政治局候补委员、红四军党代表、前敌委员会书记毛泽东。

毛泽东率部从福建进入广昌县境以后，先在塘坊坝上（今塘坊村委会所在地）宿营了一晚。第二天一早，率部继续向广昌县城行进。队伍登上了一个山顶，毛泽东远眺周边覆盖着皑皑白雪的群山，又看着一面面迎风招展的红旗、逶迤行进的队伍和士气高昂的战士，心中无限感慨，顿时诗兴大发，高声吟道："漫天皆白，雪里行军情更切。头上高山，风卷红旗冻不翻……"

身旁的纵队党代表罗荣桓认真听完后，笑着说："毛委员你这一吟，豪迈铿锵，诗才横溢啊！"

"在这样弥漫的风雪和严寒之中，我们的战士毫不畏惧，个个精神抖擞，让人感慨啊！"毛泽东说道。

"从井冈山下来整整一年，队伍扩大了，装备更好了，尤其是士气，那是越来越旺盛。"罗荣桓说。

广昌红色公园《广昌路上》雕塑

毛泽东望着远方，意味深长地说："去年刚下山的那三个月，是我们最艰难、最困苦的时候。我们的革命，是为劳苦大众谋幸福的，道路不会一帆风顺，但只要坚定地走下去，国民党反动派就一定会被打倒。"

"是啊！"罗荣桓感慨道。

"现在到广昌县城还有多远？"毛泽东问道。

罗荣桓向前面指了指说："这里离广昌县城还有五十多华里，大约再走五个小时就能到广昌县城啦。"

毛泽东若有所思地笑道："时隔快一年，这是第二次来广昌了。"接着又对罗荣桓道："现在快到中午了，嘱咐部队加快行军速度，今晚到广昌县城宿营。"

下午，红军抵达广昌县城。部队一进城，就分头发动群众，有的去居民中访贫问苦，有的去街巷路口刷写革命标语。毛泽东叫纵队政治部与广昌的地方党组织联系，准备在第二天上午开一个群众大会，发动群众团结起来闹革命。

这天深夜，毛泽东伏案写完了第二天群众大会讲话的提纲，他点燃一支烟，起身来到窗前。听着外面北风呼啸，他想起了在冒雪行军中吟就的那首词作，又回到案前提起了笔。写完后，又修改了几处，然后补上了词牌名和标题。

写完刚搁下笔，他让卫兵把罗荣桓叫了进来，问道："荣桓啊，明天上午开群众大会的事如何了？"

"负责敲锣通知和张贴告示的战士都回来了，他们说群众的热情很高啊！我与政治部的同志到会场去看了看，又同当地的党组织负责人，还有几个革命群众聊了会儿天，了解情况。"罗荣桓道。

"我们与朱军长约好1月24日在宁都东韶会合，然后进军吉安。明天是21日了，上午一开完会，就马上出发。"毛泽东说完，又拿起刚写好的词稿给他，"今天路上那首即兴之作，提提意见。"

罗荣桓接过来一看，是一首《减字木兰花·广昌路上》：

漫天皆白，雪里行军情更切。头上高山，风卷红旗冻不翻。

此行何去？赣江风雪迷漫处。命令昨颁，十万工农下吉安。

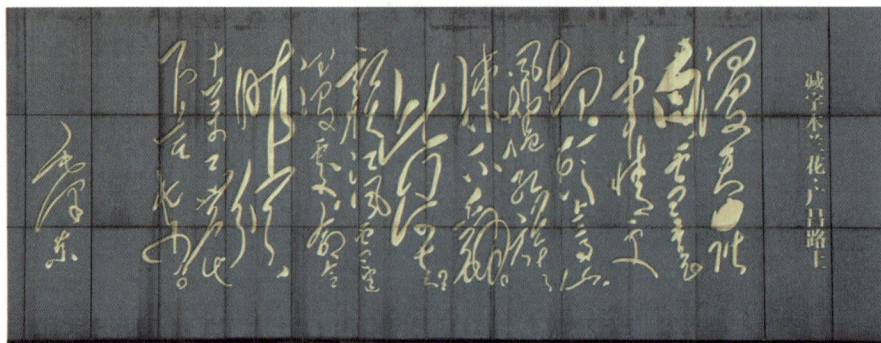

毛泽东手迹《减字木兰花·广昌路上》（广昌路上红色群雕园石刻）

罗荣桓看完后，深受感染，他动情地说："这首词把部队雪里行军的情景刻画得惟妙惟肖，写出了战士们那种不畏艰险、不怕牺牲的精神，写出了队伍的目标指向和所向披靡的气势。写得好啊！"

中华人民共和国成立后，人民文学出版社出版了《毛泽东诗词》，其中收录了《减字木兰花·广昌路上》。在出版时，毛泽东又将词句"雪里行军情更切"改为"雪里行军情更迫"，"风卷红旗冻不翻"改为"风卷红旗过大关"。这两句一改，更是情景交融，意味无穷。

这首词激情澎湃，意蕴丰富，构思新奇，笔力劲健，充分展现了红军战士雪里行军的精神风貌，也把毛泽东愉悦、自信、豪放的心境表现得淋漓尽致。词中有漫天的风雪，翻舞的红旗，欢腾的人马；通篇笔随心至，一气呵成，跌宕起伏，极富诗意。

（谢街生）

"广昌战斗"巧用兵

9 ——毛泽东三进广昌

在中央苏区第二次反"围剿"期间，毛泽东率领红一方面军第三次来到广昌，部署和指挥广昌战斗，在广昌成功地铸就了中央红军集中优势兵力、各个击破敌人的光辉战例。

1931年5月23日，毛泽东和朱德率领红一方面军到达宁都南团，中共苏区中央局决定组成中共红一方面军临时总前委。5月24日在宁都洛口的严坊村，召开了临时总前委第一次会议，会议确定攻打南丰，并发布了《敌人溃退我军拟先占南丰》的命令。

5月26日，毛泽东、朱德率红一方面军抵达广昌苦竹。当天，红军截获了一份国民党军的电报，得知：国民党军的三个师，从广昌的头陂、赤水仓皇向广昌城收缩，并于23日分批逐渐向南丰撤退，南丰县城将成为敌人重兵防守的地方。于是，毛泽东综合敌情，连夜主持召开红一方面军临时总前委第二次会议，朱德、彭德怀、黄公略、林彪、蔡会文、罗荣桓、罗炳辉、郭化若（又名郭化玉）等参加了会议。在会上，毛泽东提出：目前敌人还在广昌城，如果我军照原计划攻打南丰县城，就会使我军腹背受敌。必须改变攻打南丰的部署。会议最后决定以少数兵力佯攻南丰，牵制敌人；集中大部兵力进攻广昌城，夺取广昌这个战略要冲。

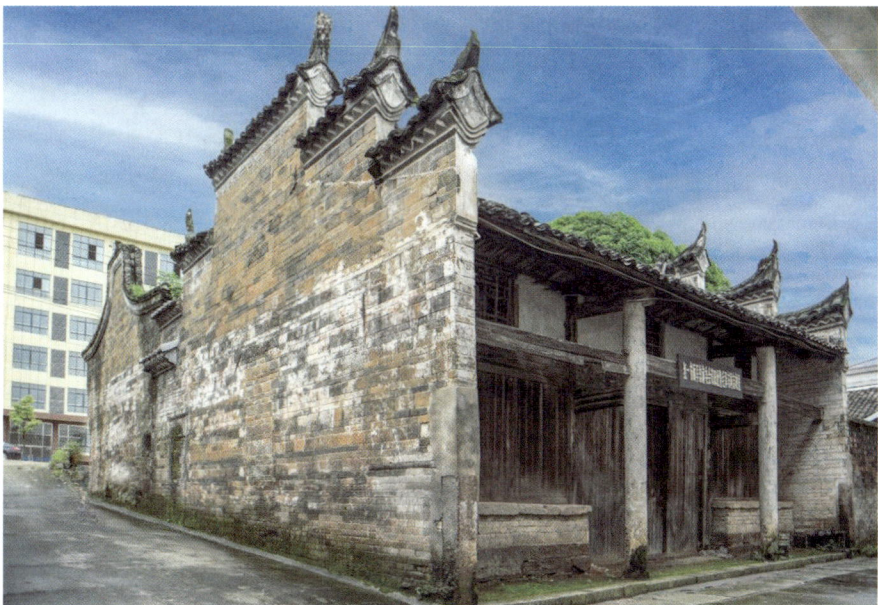

广昌沙子岭红一方面军总前委会议旧址暨毛泽东故居

此时，广昌县城仍有敌人的第五师及其他两个师的余部共约 14 个团驻守。5 月 27 日凌晨，红四军、红十二军各派一个团逼近广昌县城待命。红三军团一部进占广昌北面 5 公里沙子岭一带，警戒南丰方向的援敌；红四军和红十二军等部，则从北、西、南三面包围广昌城。红军的总指挥部设在县城西南的乌石岗。

战斗打响后，守城敌军凭借外围工事固守县城，分兵抵抗，双方一直僵持到中午。战斗中，毛泽东和朱德亲临乌石岗主峰观察战况。根据战局变化，毛泽东下午 1 时在乌石岗指挥部召开军以上干部碰头会，会议分析敌我双方态势。根据所掌握的敌情，毛泽东斩钉截铁地说："我们必须集中优势兵力，实施声势浩大的总攻！将敌人歼灭一部，击溃一部，逼退一部！用各个击破的方式打垮敌人。"

下午 3 时，红军的总攻开始。红三军团全部兵力和广昌独立营及赤卫队等 3000 多人的地方武装全部投入战斗，近 200 挺机枪一齐向敌人开火，掩护红军主力突破敌人防线。在红军强大的攻势面前，国民党军第八师、第二十四师余部向东逃窜，退往南丰。留下胡祖钰部第五师共四个团凭借工事负隅抵抗。傍晚时分，红军又向敌人余部发起了冲锋，杀得敌人溃不成军。战斗中，在城内顽抗的敌师长胡祖钰被击中倒地，吓得敌人胆战心惊，急急忙忙地抬着胡祖钰狼狈地从顺化桥向南丰溃逃（重伤的胡祖钰于 6 月 3 日死在南昌）。

晚上 9 时许，战斗结束，红军收复了广昌县城，取得第二次反"围剿"继富田、白沙、中村三仗胜利后的第四次大捷。当晚，毛泽东、朱德等率领指挥机关穿城而过，毛泽东在沙子岭邱家祠宿营。

广昌战斗结束后的第二天上午，红一方面军临时总前委在沙子岭邱家祠召开了第三次会议，会议总结了广昌战斗的战况，并决定继续向东，趁势攻打建宁。

广昌战斗的胜利，为下一仗攻取建宁，乃至取得第二次反"围剿"的彻底胜利奠定了基础。

（杨山东）

千里回师 尖峰脱险

10

——毛泽东四进广昌

在中央苏区第三次反"围剿"初期，毛泽东、朱德命令分散在闽西的红军回师赣南集结。1931 年 7 月 11 日下午，毛泽东、朱德率领红军总部机关及警卫连 100 余人，顶着烈日，冒着酷暑，由建宁癸羊翻越武夷山茱萸隘来到广昌境内的尖峰新建村。得知消息以后，北坑游击队在党支部书记吴盛发和排长王才标的带领下，热情地接待了红军队伍。见到毛泽东、朱德等红军首长，吴盛发和王才标十分高兴，向毛泽东、朱德汇报了当地苏维埃政府的工作情况。毛泽东肯定赞赏了北坑游击队的工作成绩，并鼓励当地的党政干部要更加努力工作，坚持革命斗争。当晚，游击队安排红军在尖峰东营杨家坳宿营，毛泽东、朱德等领导住在杨家坳徐家屋。

正在此时，追踪毛泽东、朱德的国民党军许克祥师的先头部队 600 余人，从南丰出发，驻扎在与尖峰相邻的广昌水南圩。12 日，国民党军进入东营梨花山一带，距杨家坳红军仅有 5 华里，形势非常危急。毛泽东、朱德立即率红军在北坑游击队一个向导班的引领下，沿着崎岖的山道急速向大株方向转移。在万分危急之中，当地苏维埃政府组织北坑和源头、上湖三支地方游击队 100 多人，埋伏在山道两边山头上，

毛泽东第四次来广昌宿营旧址——尖峰乡杨家坳徐家屋（饶润明摄影）

阻击尾随红军的敌人。不一会儿，敌先头部队发现了红军队伍，想派兵抢占尖峰源头的半公岭，并分两路包抄红军。可是当敌人刚进入一条山沟小道时，立即遭到游击队的痛击。机枪"哒哒哒"地射向敌人，手

榴弹在敌群中开花，土炮"轰隆、轰隆"炸响。游击队还把煤油桶挂在树上，煤油桶里面点响鞭炮，"哗哗啪啪"炸得巨响。敌人被打得晕头转向，以为遇到了红军主力部队，纷纷拼命逃跑。等敌人清醒过来时，北坑游击队又牵着敌人走深山，爬峭壁，同敌人周旋近两个小时。敌人被弄得筋疲力尽，只好撤兵。在游击队的掩护下，毛泽东、朱德及红一方面军总部成功脱险。当晚，红军在塘坊坝上村（今塘坊镇塘坊村所在地）宿营。

13日，毛泽东、朱德及红一方面军总部安全离开广昌县境，后经石城回师兴国。之后，红军主力在毛泽东、朱德的正确指挥下，取得第三次反"围剿"的胜利。

广昌北坑等三支地方游击队临危救援红军的事迹距今已经90多年了，他们机智勇敢、临危救援的故事至今还在老区流传。

（胡叔敏）

亲切教导情留红土地

11

——毛泽东五进广昌

1932 年 8 月中旬，趁着第三次反"围剿"的胜利进军，毛泽东、朱德率红一、红三军团连续攻克乐安、宜黄两座县城。这时，毛泽东在南城接到去宁都参加中央会议的通知。29 日，毛泽东从南丰鸡公山出发前往宁都，第五次来到广昌。当晚，毛泽东住在距离广昌县城 15 华里的甘竹笪田张家脑刘家祠堂。

8 月 30 日上午，毛泽东在刘家祠堂召开了干部群众座谈会。在会上，毛泽东听取了中共广昌县委、县苏维埃政府领导和军事及工、青、妇等群团组织负责人的工作汇报。毛泽东对广昌苏区的革命工作给予了肯定和称赞，并就支前、扩红、分配土地、生产建设和巩固政权等工作作了重要指示，教导当地干部要积极开展群众工作，大力支援前线，扩大胜利战果。

午后，毛泽东与广昌各负责人握手告别，然后带领警卫战士穿过县城，途经新安、头陂、柯树，进入宁都。

遗憾的是，在 1932 年 9 月召开的宁都会议后，毛泽东被博古等"左"倾中央领导人排挤出了红军领导岗位，回瑞金继续担任中华苏维埃共和国临时中央政府主席。此后，毛泽东同志再未来过广昌。但是，广昌人民始终情系共产党，牢记毛泽东同志的革命教诲，追随老一辈无产阶级革命家的伟大革命实践。在后来的革命战争中，广昌人民在党的领导下，努力发展生产，开展扩红运动，大力支援前线，配合红军作战，为中国革命付出了巨大牺牲，作出了重大贡献。

行程万里，不忘来时路。我们看到老一辈无产阶级革命家一路走来的厚重足迹，深感红色政权来之不易，革命胜利来之不易，新中国来之不易！让我们共同铭记历史，践行初心使命，坚定共产主义理想信念，为实现第二个百年奋斗目标、实现中华民族伟大复兴的中国梦砥砺前行！

（饶　琴）

第三编

土地革命烽火

12 "广昌战斗"奏凯歌

广昌是中央苏区第二次反"围剿"主战场之一。毛泽东亲临广昌县城西郊乌石岗指挥的广昌战斗,是工农红军史上以少胜多的光辉战例。

1931年5月26日,毛泽东率领红一方面军抵达广昌苦竹。当天,红军截获国民党一封电报,得知:国民党军有三个师分批从广昌向南丰撤退,南丰将成为敌人重兵防守的地方。根据敌情变化,红一方面军临时总前委书记毛泽东连夜召开总前委第二次会议。在会上,毛泽东提出:目前敌人大部还在广昌县城,如果我军按照严坊会议计划攻打南丰,则会致使我军腹背受敌。会议最后决定,撤销在宁都严坊召开的总前委第一次会议关于攻打南丰的决议,改为集中红军主力攻占广昌县城。

此间,国民党军第五师和第八师、第二十四师两个师的余部共14个团驻守在广昌。敌军从城南的猪脑嵊起,经城西馒头嵊到城北白衣寺,沿着起伏的山丘修堡垒、筑土墙、挖壕沟,构筑防线,企图阻滞红军进攻。

5月27日凌晨,红四军、红十二军各派一个团逼近广昌县城潜伏待命。天亮之前,红军主力由苦竹抵达尧山后兵分两路向县城逼近。红三军团一部进占广昌北郊沙子岭一带,警戒南丰方向的援敌;红四

水粉画《毛泽东与朱德在乌石岗指挥战斗》（广昌县博物馆供图）

军和红十二军等部，则从北、西、南三面包围广昌城。红军的总指挥部设在县城西南的乌石岗。

上午战斗打响后，守城的敌军则凭借外围工事固守县城，分兵抵抗，双方一直僵持到中午，毛泽东和朱德亲临乌石岗山顶，观察广昌县城战况。下午1时，毛泽东于召集军以上干部在乌石岗指挥所开碰头会，分析敌我双方态势，根据所掌握的敌情，他斩钉截铁地说："我们必须集中优势兵力，实施声势浩大的总攻！将敌人歼灭一部，击溃一部，逼退一部！用各个击破的战略战术打垮敌人"。

下午，毛泽东指挥红军先是放开战场东面的口子，然后集中兵力向北、西、南三个方向向敌人发起总攻。下午3时，红三军团全部兵力和广昌独立营及赤卫队等3000多人的地方武装全部投入战斗，近

200挺机枪一齐向敌人开火，掩护红军主力突破敌人防线。在红军强大的攻势面前，国民党军毛炳文部第八师、许克祥部第二十四师被击溃，其余部沿着红军在县城东面放开的口子，仓皇沿盱江东岸逃往南丰。剩下胡祖钰部第五师共四个团一面凭借工事负隅抵抗，一面通过电台向南丰呼叫"SOS"，接着又发明码公电求救。红军截获敌电台信号后，士气大振，加强了攻势。傍晚时分，红军又发起了冲锋，从四面八方杀向敌人。至天黑，敌人北、西、南面的防线被红军全部突破，敌五师大部被歼，敌师长胡祖钰受伤，弃城狼狈逃向南丰（6月3日，伤重的胡祖钰死于南昌）。

在广昌战斗中，国共双方投入的兵力之多，规模之大，是中央苏区第一、二次反"围剿"进程中所罕见的，它充分体现了毛泽东集中优势兵力伺机破敌的作战方针、灵活机动的战略战术、速战速决和人民战争的作战思想。

（胡叔敏）

13 夜战饶家堡

　　1934 年 4 月 10 日，第五次反"围剿"中的广昌保卫战打响。在盱江东岸，红一军团、红三军团和红五军团第十三师的全体将士，英勇顽强，奋力搏杀。他们顶住了国民党军五个正规师的轮番进攻和飞机、大炮的狂轰滥炸，硬是在延福嶂、白叶堡、大罗山一带阵地上，牢牢坚守了十天。

　　4 月 19 日，国民党军根据战场情况变化，重新进行战斗部署：一边命令所部炮兵猛烈轰击大罗山山头；一边又联系盱江西岸鄱阳一带的敌炮兵，炮口向东，以密集的炮火猛攻大罗山山头；同时，又投入飞机投掷了大量的燃烧弹。大罗山上燃起大火，火势迅速蔓延，隐藏在山林中的许多红军被火海吞噬。在炮火的掩护下，敌军步兵主力也开始朝大罗山红军阵地碾压过来……

　　面对来势汹汹的国民党军，为避敌锋芒，保存实力，20 日凌晨，守卫在大罗山阵地的红三军团将士，奉命放弃阵地，部队撤向东南的墓坑、饶家堡一带布防。

　　红三军团一部于 20 日拂晓撤至饶家堡一带的山林中隐蔽起来，伺机反击。当天上午，国民党军第七十九师、第九十七师进占饶家堡一带高地。午后 1 时许，敌先头部队发觉饶家堡附近山上有红军埋伏，并判断埋伏的红军就是今晨从大罗山撤下来的红三军团的部队。敌先头部队旅长当即命令部队停止前进，改道先行占领瑶上塅东南及竹园围高地。

隐蔽在饶家堡东南树林里的红军看到前来搜索的敌人，迅猛出击，形成三面围攻。敌人则组织机枪、迫击炮等强大火力顽抗。红军1000余人迂回包抄敌人的一个团，痛击迎面之敌。敌李富辛营凶猛异常，杀气腾腾，与红军展开肉搏战。红军奋勇杀敌，敌营长李富辛被我红军当场击毙，但因敌众我寡，加上头晚通宵战斗，疲惫不堪，于是未与敌久战，且战且退向饶家堡方向撤离。敌军的第七十九师二三五旅及补充团，紧追至饶家堡附近集结。

根据敌情变化，红三军团军团长彭德怀、军团政委杨尚昆决定，乘敌立足未稳打击该敌，即令红一军团由狗头坳、山羊咀地区向敌正面发起攻击；红三军团主力向司前排迂回，从饶家堡北端向敌发起攻击，并断敌退路；红十三师集结磜上、磜下地域担任守备。

当天入夜，饶家堡战斗打响。彭德怀、杨尚昆亲自率领红四师、红五师，在红一军团协同下，乘着黑夜向敌军全线出击。红军将士从司前排一路向南，对敌人的多个高地发起猛攻，一举攻占了饶家堡之北和东西高地。因此，敌人又退入红十四师原先构筑的碉堡内负隅顽抗。此时，敌第九十六师主力闻讯从如意亭一带赶来增援，敌我双方在饶家堡展开了一场异常激烈的争夺战。是夜，天黑沉沉，霏雨飘飘，恶劣的天气和环境丝毫未减红军的斗志，红军将士依然冒着敌人的炮火奋勇向前，前仆后继，毫不犹豫地冲入敌阵，与敌短兵相接，勇敢地展开白刃战。而国民党军却依仗着火力优势，气焰十分嚣张。阵地上，敌我双方呐喊拼搏，杀声震天。战斗中，敌我双方反复争夺，形成拉锯战，饶家堡阵地六次易手，战斗情景十分惨烈。战至翌日拂晓，为避免敌机增援攻击，红军主动放弃阵地，撤出战斗，向云际寨、高州塅、樟树下一带方向转移，准备迎接新的战斗。

惨烈的饶家堡战斗结束了，虽然没有赢得最终的胜利，但是参战红军将士英勇作战，顽强抗敌，杀出了红军的军威和气势，极大地打击了敌人的嚣张气焰，彰显了人民军队不怕牺牲、一往无前的军魂。

（魏叶国）

14 大寨脑烽火

1934 年 7 月下旬至 8 月底，在广昌南部高虎脑地域，中央红军与国民党军展开了一场生死大搏斗，这就是第五次反"围剿"中著名的高虎脑战役。7 月 21 日发生的大寨脑战斗是高虎脑战役第一仗。

1934 年 7 月中旬，划归红三军团指挥的红十五师即少共国际师，奉命由石城开往广昌，与红三十四师在广昌南面地势险要的大寨脑一线布防，阻击南进的国民党军。

战斗前，红十五师师长彭绍辉和政委萧华亲临前线阵地视察，精心部署，命第四十四团守护大寨脑主阵地，其中一个主力连在最险要的山顶上防御，两个营在右面山头相机应战，第四十三团和第四十五团作为第二梯队隐蔽待命。同时在广昌地方游击队和群众的帮助下，战士们日夜抢修工事，深挖战壕，构筑地堡。阵地前还布满了竹签和地雷，构筑了鹿砦。

7 月 16 日至 21 日，敌军占领大寨脑西北高地，碉堡筑到大寨脑面前。22 日早晨，敌军向红军阵地发起了全面进攻，敌飞机、大炮轮番轰炸，之后在炮火掩护下敌军以一个师的兵力，向大寨脑主峰红军阵地展开了冲锋。当敌军进入红军前沿阵地的"地黄蜂"（竹签）时，许多敌人都被竹签戳穿了脚板，顿时发出了一声声哀号。此时，萧华政委立即率领右边山头两个营战士，向敌军发起了猛烈的反冲锋，杀得敌人丢盔弃甲，纷纷逃命。惨败后的敌军恼羞成怒，即刻组织更加猖狂的进攻。红军将士顽强抗敌，子弹、手榴弹打光了，就用石头砸向敌人。石头砸光了，英勇的战士们就跳出战壕冲向敌群，与敌人展开了殊死的肉搏战，战斗打得异常艰苦。第二营把守的左面山头一度失守，幸好增援的红三军团一部及时赶到，向敌第八十九师发起反击，将敌击退，夺回山头，阵地转危为安。就这样红军先后打退了敌军的9次进攻，敌人留下了一大片尸体，狼狈而返。

敌军见正面进攻不力，就想绕到我军阵地后面，采取偷袭战法，但又道路不熟。于是，就找到当地一名劣绅带路。劣绅于当天下午领着敌第八十八、第八十九师绕道走山林中的偏僻小路，偷越季峰寨，进到大寨脑的山后，企图悄悄对红十五师形成两面夹击态势。红军及时发现了敌情，并识破了敌军的阴谋。由于敌我兵力悬殊，在敌军主力未到达之前，红三军团命令红十五师放弃原来的作战方案，及时撤出阵地，向南面的驿前一带转移。

大寨脑战斗，敌军死伤500余人，红军伤亡400多人，红十五师第四十四团第二营营长光荣牺牲。

少共国际师在红军中是一支年轻的队伍，大寨脑战斗结束以后，又转向新的战场，在后来革命战争中继续以昂扬的斗志和不屈不挠的战斗精神接受血与火的洗礼，谱写了一曲动人的热血青春之歌。

（刘海锋）

15 高虎脑上旌旗红

中央红军长征前夕，发生于广昌南部的高虎脑战役共有五次较大的战斗，其中以高虎脑战斗最为惨烈。为了阻击国民党进攻中央苏区腹地，我中央红军在高虎脑地域与数倍于己的敌人，展开殊死搏斗，最终取得高虎脑战斗的胜利。

高虎脑系贯桥村（又称半桥村，今属驿前镇）的后龙山，形似昂首蹲坐之虎，主峰海拔406米。高虎脑北连大寨脑，南接驿前，是北上南进的要地，其在军事上重要的战略意义，决定了它成为高虎脑战役的主战场。

1934年4月28日，广昌保卫战结束以后，国民党军气焰嚣张，继续以重兵向中央苏区腹地推进。1934年7月初，国民党军以汤恩伯的第十纵队第四、第八十八、第八十九师为左纵队，向广（昌）石（城）大道以东地区进犯；以樊松甫的第三纵队第七十九、第十一、第六十七师为右纵队从广石大道以西地区，同左纵队齐头并进，进攻锋芒直指高虎脑地域。

1934年7月初，红四师、红五师和红三十四师奉命开抵贯桥一带，在高虎脑地域的纵深地带构筑防御阵地，准备痛击南犯之敌。红军在高虎脑地域阻敌的设防部署为：红五师在正面，其中第十三团防守高虎脑及贯桥北端阵地，十四团在上坪东端为第二梯队，第十五团在高虎脑南端为预备队，师部设在曾家排；红四师在红五师右翼，配置在老寨、宝峰山（保护山）、蜡烛形一带，师指挥所设在麻坑；红三十四师配置在高虎脑以北地域，其中第一〇二团守画眉寨，第一〇一团守高脚岭和赖禾岭（又称赖和嵊），第一〇〇团守香炉峰。红三军团司令部设在高虎脑南端的楮树坑。

为了打好这次战斗，红三军团军团长彭德怀和政委杨尚昆亲自到前沿阵地视察，并特别嘱咐守备高虎脑一带主阵地的红五师第十三团、第十四团的团长、政委：阵地还要加固，要经得起敌人飞机、大炮的轰击；人员要加强政治思想工作，提高坚守阵地的决心和信心；高虎脑地形险要，要利用这种有利地形，居高临下，打他个下马威。在军团首长的关怀鼓励下，广大指战员不顾疲劳，昼夜奋战，不仅加固了主阵地，而且还在阵地前沿加筑了附属防御设施，挖了外壕，埋了地雷，设了竹签和鹿砦。

8月5日凌晨，高虎脑战斗打响。敌左纵队一个师向红一〇二团阵地画眉寨发起进攻，敌右纵队向守备高脚岭的红一〇一团阵地进行攻击。在红三十四师师长陈树湘、政委程翠林的指挥下，红军两个团进行了顽强抗击。同日，守备在高脚岭的红一〇一团与敌激战3小时，红十三团也在守备的阵地英勇阻击。这一天，红四师、红五师和红三十四师密切配合，击退了数倍于己的敌人轮番进攻。

6日8时，敌主力向高虎脑主阵地发起猛烈进攻。先以10多架飞机轮番轰炸，接着以火炮轰击，尔后以步兵密集队形发起冲击。红十三团在团长黄珍和政委苏振华的率领下沉着应战，以步枪、手榴弹、地雷、"地黄蜂"、鹿砦等杀得敌人尸横遍野。与此同时，红十四团在团长姚喆和政委谢振华的率领下，从右翼向北对敌实行突击，一举将敌人击溃。随后，敌人又连续发起几次攻击，都遭到红四师和红五师的顽强抗击，伤亡惨重。

7日8时，敌军右纵队和左纵队向高虎脑两侧推进，并在密集的炮火掩护下向鹅形阵地冲击。在红三军团军团长彭德怀、政委杨尚昆的率领下，红军将士英勇无畏，顽强反击，在高虎脑山头上，红军将士"冲啊""杀啊"的口号声响彻山头上空。在战斗中，红军与敌人浴血搏斗，子弹打完了，战士们一次次跳出战壕与敌人肉搏拼杀。战至下午1时，红军阵地全被敌人炮火破坏，枪弹告罄。下午3时，红三军团首长下令部队撤离高虎脑主阵地，退至楮树坑、万年亭、麻坑、香炉寨一带，继续阻击敌人。

高虎脑战斗，是中央红军在广昌南部阻击战中最激烈的一仗。红军的顽强抵抗，阻滞敌人整整3天，取得了歼敌4000余人的战绩（其中，团长6人，营长10余人，连排长400余人）。

在这次战斗中，红军也付出了巨大牺牲，伤亡1415人。他们的忠骨长眠高虎脑，烈士的英名与高山同在，与日月同辉！

（胡叔敏）

16 万年亭阵地硝烟浓

80多年前，在驿前镇贯桥村楮树坑南端高地曾经发生了一场惊心动魄的阻击战，因山腰上有一座名叫万年亭的古亭，所以这场战斗被叫做万年亭战斗。

高虎脑战斗结束以后，红三军团根据中革军委来电指示，将红军撤至万年亭一带布防。红三军团把指挥部设在旗形村，同时设置三道防线：红四师守备刘桂峰、雨打壁、万年亭、保护山、蜡烛形等地域，为第一道防线；红五师守备黄土门、旗形、金鸡寨等地域，为第二道防线；第三道防线为平头寨、西排峰、古楼峰等地域。

国民党北路军第三路军总指挥陈诚得知消息：高虎脑战斗结束后，红军已经转移至万年亭一带，并构筑好坚固的防御工事，防守的都是红军主力部队。于是，陈诚立即命令所属各部以最快的速度构筑大寨脑到贯桥的碉堡封锁线。

1934年8月11日，敌碉堡封锁线构筑完成，12日汤恩伯第十纵队第四、第八十八师推进到锥头、下麻坑、楮树坑一线构筑工事。罗卓英第五纵队第六十七师迫近万年亭阵地加筑进攻据点，樊松甫第三纵队一部由鹅形推进到司令排东南高地。各敌纵队距红军阵地均不足千米。

大军压境，形势危急。红三军团军团长彭德怀、政委杨尚昆商议对策后，于12日晚21时30分下达紧急命令："为遏制敌军南进，各部于13日4时前进入阵地，做好反突击准备！"

13日7时，樊松甫纵队以一个师的兵力从鹅形分三路向香炉寨红军阵地步步进逼。飞机轰炸，大炮轰击，天空、战场火光冲天。敌步兵在飞机大炮的掩护下疯狂攻击我香炉寨阵地。浓烟、火光、爆响……摧天坼地，地动山摇。面对敌军的猖狂攻击，红四师第一○○团奋勇抗击，遏制住了敌军。之后，陈诚又将汤、樊两纵队改成梯次配置，准备在由贯桥经麻坑、月下至驿前大道的窄小地带正面突击，企图突破红军防线。

更残酷的战斗即将来临，红三军团指挥部于13日晚再次下达作战命令："各部于翌日凌晨4时前进入指定位置，准备反击！"

14日凌晨4时30分，敌飞机与大炮同时向万年亭右侧的支点发动猛烈轰击，接着罗纵队第六十七师由楮树坑东南步步进逼红军阵地。敌人先以一个团从支点北端及东北分三路沿万年亭山脊仰攻。敌军气焰正盛、来势汹汹，至5时，罗纵队第六十七师实行"羊群战术"向万年亭右侧红五师发起凶猛进攻。敌尖刀班突破红军第一道鹿砦，敌后续部队趁机发起冲锋。红五师师长李天佑、政委陈阿金指挥所部沉着应战，果断反击。待敌军迫近时，红军组织火力急速反冲击，枪弹和手雷一起飞向敌人，将来犯之敌大部歼灭于阵地前沿。随后，敌军又以两个团的兵力，协同飞机、大炮向红五师十三团第三营守备的万年亭主阵地发起猛攻。7架战机、10多门重炮，轰炸，轰炸，再轰炸……炮火连天，浓烟滚滚，我万年亭工事被摧毁。红军战士只得依托交通壕顽强守卫，待敌军冲到阵地前，战士们嘶吼着："上！冲啊——"毫不畏惧，一往无前，与敌军短兵相接，奋力拼杀，英勇搏击，用刺刀捅、马刀砍、枪托砸，血肉相搏……终于击溃敌军。上午11时20分，敌军再次狼狈撤退逃窜。至此，万年亭第一阶段战斗宣告结束。

红三军团万年亭指挥部旧址（广昌高虎脑红色展馆供图）

　　敌军一败再败，士气严重受挫。陈诚气急败坏，立即电请南京方面调用新式火炮。8月26日，敌军从南京调来的中央炮兵第五团第一营到达贯桥地区，该营有900多人，装备德国造的卜福斯山炮12门，每门炮附炮弹150发。还有税警总团迫击炮营、炮兵训练处三炮第一营、第二十三师重迫击炮连等同时到位，这些炮兵力量全归敌第三路军指挥。同时，敌空军也由南城机场前移至广昌机场起飞，可以不间断地配合地面部队作战。

　　27日，敌第三路军用卜福斯山炮向红军阵地试射。

　　28日拂晓，万年亭第二阶段战斗打响了。敌军集中7个师的兵力，在20多架飞机和近百门火炮掩护下，向红军阵地发起全线攻击。陈诚下令："集中兵力，改从侧翼向万年亭阵地再次发起进攻！务必拿下万年亭！"面对杀气腾腾的敌军，红军越战越勇，一次又一次击退了敌人的进攻。敌军只得借用炮火狂轰，不断调整兵力，于14时再以两个团的兵力向红十三团第三营守备的万年亭左侧突然发起猛攻。在敌战机和炮火的双重夹击下，红十三团的左翼阵地出现松动。亲临前沿阵地指挥战斗的李天佑和陈阿金第一时间发现情况，立即调遣第二梯队第十五团一个连投入反冲击。同时部署红十三、红十五团以交叉火力组成封锁网，并令红十四团由万年亭西北向敌侧后发起冲击，致使敌军陷入火网，屡战屡败。敌人后来追述当时战况，说到敌军自己的两个团陷入火网之中，"冲到鹿砦内无一生存，鹿砦外者死伤亦过半"。

此战，敌军伤亡1500人。陈诚指挥残部借助飞机掩护，退回楮树坑北端的堡垒地带。万年亭反击战沉重地挫败了敌军的嚣张气焰，震慑了敌军的进攻，国民党其余各部只得暂停进攻，战斗遂告结束。

烽火无情英雄血，敌兵未尽战未休。在万年亭反击战中红军伤亡315人，红五师政委陈阿金、红三军团卫生部长何复生在炮火中壮烈牺牲。

山河宁静，草木葳蕤。如今，万年亭以及那座"陈阿金烈士墓"仍然矗立在万年亭山头上，屹立在广昌人民的心中。

（杨菊秀）

17 宝峰山（蜡烛形）喋血之战

1934 年 8 月下旬，继大寨脑战斗、高虎脑战斗、万年亭战斗之后，中央红军与国民党军在驿前的宝峰山、蜡烛形地域又发生了高虎脑战役中的第四次大激战，史称宝峰山、蜡烛形战斗。这场战斗的战况，在高虎脑战役中最为惨烈，可谓是喋血之战。

万年亭战斗第一阶段停战之后，红三军团利用战事暂歇时机，在驿前至万年亭一线构筑了三道防线，准备抗击敌人新的进攻。与此同时，敌人亦加紧进攻准备，并于 8 月 26 日晚下达了准备进攻的命令。其部署是：第四、第八十八师为左翼队，攻击蜡烛形阵地；第十一、第六十七师为中央队，攻击宝峰山阵地；第七十九师第十八旅，为右翼队，准备攻击万年亭阵地；第十四师置于贯桥东南，作总预备队。同时特别规定了炮兵、空军与步兵协同作战的动作，将空军由南城机场前移至广昌机场起飞，不间断地配合地面部队作战。

面对敌人的攻势，红三军团根据中革军委的御敌要求，进行防守部署：以红四师第十团坚守蜡烛形及其左右支点，第十二团坚守宝峰山及支点高地以右，第十一团为突击队，集结庄下附近；红五师第十三团坚守宝峰山支点高地至万年亭大路以左，第十四团坚守万年亭至龙坑西北支点大岭夹，第十五团为突击队，集结沙洲附近；红五军团十三师以第三十九团坚守铁掉山以北阵地，第三十八团坚守刘桂峰阵地。

驿前镇麻坑村宝峰山战斗遗址

28日拂晓，敌人集中7个师的兵力，在20多架飞机和近百门火炮掩护下，向红军阵地发起全线攻击，战线纵横10多公里。红军指战员面对敌人空前猛烈的炮火，毫无惧色，顽强抗击。当日全线的战斗打得异常激烈，宝峰山、蜡烛形的战斗尤为突出。

那天天刚亮，就来了6架敌机，它们轮番在宝峰山前沿进行猛烈的轰炸和低空扫射。敌人的许多大炮也一齐向我阵地进行猛烈的轰击，重炮弹、硫黄弹、燃烧弹、烟幕弹像雨点似的向我阵地打来，炸得阵地尘土飞扬，浓烟滚滚。敌人飞机、大炮的这次轰击，目的是摧毁红军阵地前沿的防御工事，为步兵开辟进攻道路，掩护步兵向我进攻。

正当敌人火炮向红军阵地延伸时，红四师十团二营营长邓克明从营指挥所里的射击孔向外观察，只见山腰上、山脚下、田野里到处都是密密麻麻的敌人，足有三四个团的兵力，他们在炮火的掩护下，采取营方队的密集队形正向我阵地猛扑上来。邓营长见敌人第一梯队进入我雷区时，命令地雷手一齐拉雷。但地雷一个也没响，原来拉雷线全部被敌人的炮火炸断了。眼看敌人快要接近外壕了，邓营长命令打出一发红色信号弹。阵地上二营指战员一见信号弹，便一齐向敌人开火。雨点般的手榴弹在敌群中爆炸，轻、重机枪喷吐着长长的火舌，敌人在密集的枪声中纷纷倒地，没有打死的敌人，丢盔弃甲、抱头鼠窜地逃了回去。

第一次进攻受挫后，敌人紧接着发动了第二次进攻。其第二梯队在督战队的号叫威逼下，又攻了上来了。敌人的飞机和地面炮兵向宝峰山阵地疯狂地倾泻炮弹，其密集和猛烈程度，远远超过第一次进攻。二营阵地上的轻、重机枪工事和手榴弹投弹所全被摧毁，排与排、连与连之间的交通壕也被破坏，营指挥所与团部的电话联系也中断了。由于这次敌人打了很多硫黄弹，很多红军战士都中了毒，有的昏倒在地，有的躺倒在地上翻江倒海地呕出苦胆水。还有许多同志的耳朵也被震聋了。阵地上硝烟弥漫，烟雾滚滚。这时阵地外面的枪声听不见了，敌人的活动也看不清楚了，不了解外面敌情的邓营长心里有些着急，就派一个通信员去四连阵地看看情况。通信员刚出去就跑回来了，神色紧张地说："营长，不好了，敌人已经到我们的头顶上（指红军阵地的碉堡顶上），五连通往四连的交通壕也被敌人切断了。"邓营长听了大吃一惊，立即又派了几个通信员分头去找五连的连排干部，要他们赶快到营指挥所来。不久，派出的几个通信员都回来了，他们对邓营长说："阵地的交通壕里都是一片黑烟，伸手不见五指，连里的干部一个也没有找着，只听见许多同志在战壕里哇哇呕吐。"邓营长感到情况十分危急，便当机立断：马上突围！

敌人在进攻宝峰山阵地的同时，又以第十纵队的第四师向蜡烛形进攻，防守蜡烛形主阵地的是红四师十团三营。当敌人第一次飞机、大炮猛烈攻击之后，三营阵地工事已全被打塌，机枪也被炸坏了，但在张震营长的沉着指挥下，全营指战员沉着应战，凭借交通壕，用步枪、手榴弹、刺刀与敌拼杀，连续打退敌人多次冲锋。激战至中午，红军弹药将尽，火力明显减弱，敌人乘机组织了两个团的兵力，以密集队形在炮火掩护下发起冲击。我营预备队见此立即实施反击，全营指战员同敌展开拼杀，子弹、手榴弹打光后与敌肉搏，一直血战至下午。面对敌人一个师的多次猛攻，红三营尽管付出了很大代价，红七连伤亡过半，红八连仅剩20多人，红九连损失也很大，但全营依然坚守阵地，寸土不让。

正当宝峰山、蜡烛形等阵地的红军与敌人喋血鏖战之时，战场形势发生了重大变化：敌人集中了三四个师的兵力，从高虎脑的左翼和宝峰山的右翼突破了我军的第一、二道防线，并对我军进行了分割。面对不利形势，红三军团命令：放弃阵地，全军撤退至驿前一带防守。

30日，敌人开始向驿前发起进攻，对红军阵地轮番轰炸和炮击后，接着以几个师的步兵逐次进占西华峰、平公寨，红军节节抗击退至后方防御阵地。当天中午，国民党军攻占驿前街。12时许，敌炮火向驿前以南延伸，步兵向古楼峰支点攻击，防守此地的红四师因工事被炮火摧毁，主动向南撤至横江下、隔背等后方防御地带。

至此，以高虎脑为中心的阻击战结束，在这几场战斗中，国民党军伤亡6000多人，红军伤亡2300多人。高虎脑战役历时41天，阻滞了敌人进占中央苏区的进程，为主力红军的战略转移赢得了宝贵时间，对中央机关的安全起到了重要的保护作用。

随着这一地域内阻击战的结束，红军撤出了广昌县境。在广昌南部的战斗中，红军用生命和鲜血筑起了一道道红色屏障，在中国革命斗争史上书写了光辉的一页。

（魏叶国）

第四编

开国将帅浴血广昌

18 彭德怀怒斥李德

1934 年 4 月，由于博古、李德"左"倾错误危害，导致第五次反"围剿"广昌保卫战失利，造成了红军重大伤亡，广昌城失守。广昌保卫战失败以后，彭德怀怒斥共产国际军事顾问李德"崽卖爷田心不痛"。

1934 年 2 月上旬，蒋介石把广昌作为主攻方向，国民党北路军由黎川向南推进，由此拉开了进攻广昌的序幕。

国民党军集中 11 个师的兵力，在空军、炮兵配合下，从盱江东西两岸同时向广昌县城发起进攻。广昌保卫战打响了。

广昌保卫战从 4 月 10 日开始到 4 月 28 日结束，历时 18 天，敌我双方共投入 20 个师的兵力。广昌保卫战是第五次反"围剿"战争中历时最久、最为酷烈的战斗，尽管红军将士英勇奋战，给敌人以大量杀伤，共歼敌 2600 多人，但由于博古、李德的"瞎指挥"，红军损失更加惨重，共伤亡 5500 多人，占总参战兵力的 1/5，其中造成彭德怀率领的红三军团伤亡 2705 人，占军团总人数近 1/4；红九军团第十四师在守卫县城的战斗中伤亡惨重，战斗结束后仅剩 300 多人，随即被取消番号：红六师政治部主任曹其灿在此次战斗中英勇牺牲。这是中央红军有史以来，在一次性战役中最为惨重的损失。

在广昌保卫战期间，针对广昌无城堡可以坚守，敌我实力对比悬殊的实际，彭德怀曾多次劝说中央军委的主要负责人："广昌是不能固守的，长则三天，短则两天，广昌就失守。"除此之外，其他军团首长也对广昌保卫战提出不同意见。李德等领导人非但听不进彭德怀等人的正确意见，而且亲临广昌前线指挥作战。后来的事实说明，博古、李德等人的错误军事指挥，是导致广昌保卫战失败的直接原因。

4月28日也即广昌失守后的当天晚上，中革军委召集各军团首长到头陂镇下关冯家祠堂开会，商议对策。朱德、顾作霖、杨尚昆、林彪、聂荣臻、左权、罗炳辉、董振堂、蔡树藩、李卓然等参加了会议。

彭德怀来晚了点。他大步流星地迈入会场，见李德闭口不谈"左"倾冒险主义与消极防御的惨痛教训，仍在奢谈怎样"短促突击"、如何组织火力等脱离实际而且被实践证明是错误的那一套。所谓"短促突击"，是第五次"反围剿"中"左"倾军事领导人提出并实施的一种战术原则，即为了应对国民党军步步为营的堡垒战术，消灭堡垒内的敌人，乘其立足未稳给予迅速短促的突击。彭德怀边走边说："你这个李德！你怎么不从苏联带几架飞机、坦克、大炮到中国来打正规战？！你作孽太多了，中国革命快被你送光了！"李德不懂中国话，他问翻译王智涛，彭德怀说什么？王智涛没有直接翻译，搪塞李德说："他随便说说。"随后，各军团首长将战况一一作了汇报。接着，李德咕噜咕噜说了一通："广昌这一役没打好，我要负责。为什么没打好呢？是因为我们的工事没做好，敌人进攻的队伍又很密集，我们没法实行突击。"最后，博古、朱德、顾作霖对下一步工作，分别作了具体部署。这次会议，一直开到半夜才结束。

4月29日上午，博古、李德决定返回瑞金，行前，电话通知彭德怀、杨尚昆谈话。一见面，李德便问："你们是怎么组织火力的？又是怎么进行短促突击的"？彭德怀按捺不住心中的愤怒，慷慨陈词："我们没有重炮，没有足够的弹药，拿什么来组织火力？敌机轮番轰炸，敌军龟缩在碉堡里，怎么也引不出来，我们多次突击都不成功，一天牺

头陂冯家祠中革军委会议旧址

牺上千同志，在敌人的碉堡密布下短促突击，十次就有十次失败！几乎没有一次得到成功！"接着，彭德怀回顾了第五次反"围剿"以来多次战斗经历。彭德怀沉痛地说："现在每战都同敌人拼消耗。敌人有全国政权和帝国主义帮助，我们则靠取之于敌，你（李德）完全不懂这个道理。洵口遭遇战消灭敌人 1 个师（旅），想停止半天，再去消灭被围困之最后 1 个营敌军都不准。前方指战员都没有一点机动权，每个连队、每门迫击炮甚至机关枪的位置，都在你们的作战图上某曲线上规定了，我们只能机械执行。你们是图上作业的战术家，怎么能不瞎指挥。"

彭德怀又举眼前的例子说："广昌战斗，集中兵力和敌人拼消耗，敌人的武器装备有外来援助，红军只能靠缴获。可是几个月来，部队一点缴获也没有，靠吃老本，打一天，少一天。这样拼消耗，我们拼得起吗？"

彭德怀越说越激动，几乎难以控制自己的感情，但意见非常中肯。在场的杨尚昆试图缓和一点气氛，也没有可能。最后彭德怀动情地回顾中央苏区创业的艰难历程，痛心疾首地说："中央苏区从1929年开创到现在5年多了，一、三军团在闽赣活动到现在，也4年了，可见创建根据地之不易。你们至今还不认账，真是'崽卖爷田心不痛'！"

彭德怀看到李德没有强烈的反应，就意识到翻译伍修权没有全部翻译出来，于是就叫杨尚昆重新翻译。杨尚昆如实地把彭德怀的话全部翻译出来。李德听后立即咆哮起来："封建，封建！你是报复，因为你对撤销你军委副主席不满意。"彭德怀鄙视李德说："我根本没有想那些事，现在是研究怎样才能战胜敌人，这是主要的。"眼看双方言辞越来越激烈，博古批评彭德怀说："太过分了！"杨尚昆也乘机劝说："冷静点、都冷静点。"伍修权把李德劝走了。博古也向大家示意："你们先回去！"

彭德怀余怒未消，在回指挥部的路上，拍了拍随身携带的背包对杨尚昆说："尚昆，我今天把那套旧军衣背在包里，准备随他们到瑞金去，受公审、开除党籍、杀头，都准备了，无所顾虑了。"实际上，彭德怀仅仅只谈了军事指挥上的错误，没有过多涉及政治路线问题。彭德怀后来说："军事路线是服从政治路线的，政治上提出两条道路决战，不放弃苏维埃一寸土地，这就必然要产生'短促突击'，分兵把口的单纯军事防御路线。"

对于广昌保卫战，彭德怀敢于讲真话，反映实际战况，这种实事求是、无私无畏的高尚品格是值得推崇的。今天，我们回顾这段历史，就是要学习老一辈共产党人敢于坚持真理、坚持一切从实际出发、坚持实事求是的政治品格。

（揭国柱）

19 广昌首任县委书记杨成武

杨成武
（长汀杨成武将军纪念馆供图）

有一位著名红军将领，他 15 岁参加革命，17 岁就当了团政委。毛泽东同志第一次见到他时，就称赞道："你是团政委呀，这么年轻。"他就是广昌首任县委书记杨成武。

杨成武，1914 年 10 月 27 日出生在福建省长汀县下畲村的一个贫苦农民家庭。他从小好学上进，小学毕业后，以优异成绩考取了福建省立长汀中学。中学期间，他利用课余时间阅读了许多进步书籍，知晓了中国共产党的性质和奋斗目标。1929 年 2 月，不足 15 岁的杨成武参加了"闽西暴动"。同年毛泽东、朱德率红四军进入长汀，建立了红色政权。杨成武随暴动队伍加入了红四军。1930 年 5 月，他光荣地加入了中国共产党。

1931 年 1 月，红四军进入广昌以后，到各地发动群众，组建地方武装，发展党组织，建立地方政权。时任红四军第十一师三十二团政治委员的杨成武，奉命组建广昌县委，在他的精心筹备下，1931 年 1 月 13 日中国共产党广昌县委员会在县城成立，杨成武兼任县委书记，成为中共广昌县委首任县委书记。县委内设组织部、宣传部、总务科、技术科，下辖甘竹、头陂、青桐（同年 6 月增设）3 个区委，有党支部 11 个、党小组 2 个、党员 110 多名。县委成立的当天晚上，他带领县委干部和红军指战员，组织数千群众在竹仔坪（现县实验小学）举行全县赤化伟大胜利的庆祝大会，并在会上选举打石工人饶其祥、贫农黄水生、店员高寿康、米行经理张和玉等 9 人为委员，组成了广昌县革命委员会（1931 年 3 月召开广昌县第一次工农兵代表大会后改称苏维埃政府）。之后，他指导原来未成立革命委员会的区乡陆续也成立了革命政权，县境内的大部分乡村都建立了革命政权，广昌也成为实实在在的全红县。随后，他在区、乡两级部署组建赤卫队、游击队等地方武装。2 月县赤卫队成立，全县有赤卫队员 4000 余人；至 4 月底，全县有 8 支游击队，队员 600 余人，拥有步枪 400 多支。许多游击队员和工农青年踊跃参军，其中长桥、尖峰区 300 多人报名参军，由县赤卫队改编的县独立营 200 人，后整营编入红一军团，壮大了红军队伍。

县委成立后，杨成武领导人民群众开展了全县性的第一次分田斗争。分田斗争主要是在刚建立红色政权的新安、头陂、赤水、驿前、贯桥和县城等新区进行。在苦竹、甘竹、柯树等地巩固原分田工作成果。这次分田是以村为单位，先将全村的土地进行插标登记，将土地分为上、中、下三等，然后将土豪劣绅和国民党反动官吏的土地和公祠田产（包括桥会、路会）没收，分配给无地、少地的农民。分配的方法是：根据全村的土地和人口数量，计算出平均每人应有的土地数量。一般的农民占田如果超过这个数目的，则不分进也不抽出田地，不够这个数目的，就在原有土地的基础上，根据原有田地的好坏情况补足土地。在县城，这次分田则以关为单位，由于县城附近有很大数量的公田，县城内农民较少，需要分田的人不多，因此，田地是由农民自己去选择和插标，余下的作为公田。这次分田，广昌农民人均分得土地2.5亩左右。分到田地的农民铁下心跟着共产党走，跟着红军走。通过这次分田斗争，广昌红色区域迅速扩大，土地革命的烈火席卷广昌城市乡村。

1931年4月下旬，国民党军朱绍良部3个师进占头陂、广昌县城，出于诱敌深入的战略需要，杨成武率领县委主动撤离县境，转移到宁都的洛口黄陂。不久，杨成武奉命回到部队工作，随部参加了毛泽东亲自指挥的广昌战斗。5月27日凌晨1时，杨成武的三十二团和红十二军的一个团先行到达县城待命。天亮之前，红军主力由苦竹抵达尧山后兵分两路向县城逼近，红三军团一部占领县城北面5公里的沙子岭，阻击由南丰而来的国民党增援部队；红一军团主力从南、西、北三面攻城。战斗打响以前，上级首长考虑杨成武曾兼任广昌的县委书记，对广昌地方情况比较熟悉，于是就把动员组织广昌地方武装和群众一起参战的任务交给了他。杨成武与团长向玉成欣然接受这一任务。他们得知广昌县委已组织的独立营、赤卫队、游击队共有3000余人，于是与广昌地方党组织联系，引导3000多人的地方武装配合红军作战，增强了红军围攻国民党军的军事力量。广昌战斗打响以后，守城敌人依靠城外工事进行抵抗，双方一直僵持到下午。正当县城久攻不下时，杨成武派出人员找到县委原同事，要求地方武装为主力红军做向导，一起参加攻城战斗。在广昌地方武装的配合下，杨成武率部首先向县城北面敌军发起攻击，集中全团所有轻重机枪向敌军猛烈开火，成百上千的手榴弹像雨点一样投向敌人。随后总预备队红三军团又投入战斗。下午3时左右，红军主力和广昌3000多人的地方武装，向敌军发起总攻。经过近一天的激战，红军从南、北、西突破敌人的防线，重创敌军1个师，歼敌1个团，国民党第五师师长胡祖钰重伤，其余敌军仓皇向东逃窜。

晚上 9 时许,红军收复县城。

此后,杨成武又率部参加了中央苏区第三、第四次反"围剿"斗争。在毛泽东灵活机动的战略战术指引下,屡立战功,取得一次又一次的战斗胜利,被红一军团政委聂荣臻誉为"模范团政治委员"。

1934 年 10 月,中央红军进行战略转移,杨成武又率部踏上了漫漫征途。一路上,杨成武率部血战湘江、强突乌江、抢占娄山关、强渡金沙江、飞夺泸定桥、开辟雪山草地通道、突破天险腊子口……出色地完成了上级交给的前卫任务。正是历经了苏区血与火的磨砺,杨成武从革命少年逐渐成长为红军骁勇善战的优秀指挥员,毛泽东同志曾经夸他是红军中的"常山赵子龙"。

（黎国兴）

20 耿飚忘身广昌保卫战

　　1934 年 4 月，中央红军集中了 9 个主力师在中央苏区北大门——广昌，与国民党军的 11 个精锐师进行了一场决战。这就是中央苏区第五次反"围剿"中的广昌保卫战。

　　这次战役，国民党军采用碉堡战术，每前进半里一里便开始修筑碉堡，用一个个像乌龟壳似的碉堡，构成封锁线。红军虽然英勇作战，但面对有碉堡依托、火力又猛的敌人，很难对其进行攻击。每当红军冲到双方的中间地带时，敌人便集中火力射击。红军一次又一次地被敌人的炮火压回来，除了增加伤亡外，难有所获。

　　耿飚是红军中的著名战将。4 月 16 日，时任红一军团第一师四团团长的耿飚，奉命率部守备广昌至甘竹中间的一个支点。这天上午，敌人用炮火猛烈轰击红四团守卫的阵地。一时间，工事被炸毁，电话线被炸断。炮火一停，敌人便用"羊群战术"，组织整连整营的兵力进行冲锋。因为是近战，敌人一会儿便冲到了红四团的前沿阵地，而且包围了团部的指挥所。这时，耿飚沉着应战，一面亲率两个连顽强抵抗，一面指挥其他部队撤往二线的堡垒工事内。冲上来的敌人虽然火力强大，但脱离了"乌龟壳"（碉堡）的保护，难以突破红军的顽强阻击。

　　这时，正在指挥战斗的耿飚，突然觉得右腿一软，快要倒下去的他挺了挺又站住了，继续指挥部队向敌人射击。打退了敌人的第一波

广昌保卫战大罗山战场遗址（广昌红色文化研究会供稿）

冲击后，战斗出现短暂的间隙，耿飚决定让部队撤下来，休整一下，可是右腿怎么也不听使唤。他低头一看，只见裤腿、鞋子里全是血，以为是哪位战友牺牲在身边，便大声喊来警卫员，叫他看看是谁的血。警卫员见状大惊，二话不说，背起他就跑。他赶忙说："放下！放下！搞什么鬼"？警卫员边跑边说："别动！你挂花了！"

他听警卫员这么一说，才感觉到右腿上剧痛袭来，便说："停一下，我看看伤在哪里。"

警卫员说："不能停，离敌人太近了。"

耿飚身材高大，警卫员背着不得劲，便连拖带拉，一连翻过了几座山头。这时听见后面有人喊警卫员的名字，回头一看，是另一位战士追了上来。

那位战士追上来，气喘吁吁地说："我怎么喊你们都喊不应，只好顺着血迹追上来，快给团长上点药"。说着，从怀里摸出一个黑色的小瓶子，说："我这药是一个同乡送的，受伤时抹一点就能救急，万灵的。"

　　两个战士七手八脚地把耿飚的裤管撕开，只见伤在膝盖部位，子弹的入口不大，但出口却撕去了一块肉。警卫员用布条绑扎住他的大腿，又上了一点"万灵药"，然后与那个战士一起，半抱半背地把耿飚送进了红军战地救护所。

　　在医院，他遇到了老熟人——军团卫生部长姜齐贤。姜齐贤很快就帮他处理好了伤口。子弹打在"膝眼"上，从骨头缝里钻了出去，幸好没有伤着骨头。当时的战地救护所缺少医药，连生理盐水都缺乏，耿飚的伤虽然没伤着骨头，但失血过多，必须采取措施。一直跟在耿飚身边的战士说："药我们自己有。"

　　姜齐贤问："什么药？"

　　"就这个，叫'雷公助你'。"那战士便拿出那个小瓶说。

　　姜齐贤拿过瓶子，打开一看笑道"什么'雷公助你'呀！小同志，这药叫'雷夫奴尔'，现在正缺呐！这瓶药交给我好吗？我保证让你们团长半个月出院。"

　　在战地救护所处理好伤口后，耿飚立马叫那战士回去，把这边的情况告诉政委，再回来把部队撤下后的情况告诉他。

　　因为医院没有止痛药，伤口痛得实在难受，只好喝点酒止痛。酒喝醉了，就昏睡过去。醒来以后，耿飚听到枪炮声还在山上震响，他立即拄着木棍重返了战场，率领红四团官兵又拼杀在火线上……

（葛江涛）

21 高虎脑战火中的黄克诚

广昌是中央苏区的重要组成部分，许多新中国的开国将帅，都在广昌留下了革命足迹，开国大将黄克诚就是其中的一位。

1934年7、8月间，中央苏区第五次反"围剿"斗争已进入后期。国民党军以进占红色首都瑞金为最终目的，实行六路进攻，其中北面有一路是从广昌出发，经驿前往瑞金。为延滞敌人南进，彭德怀、杨尚昆指挥红三军团和红五军团一部，在驿前镇的高虎脑一带进行阻击。这场战役，红军要面对敌人的9个主力师，并外加飞机、重炮，这无疑是一场大仗、硬仗。

为了鼓舞士气，红三军团第四师政委黄克诚在战前召集全师的政工人员开会，向大家讲明战争形势，说清打好这次战役的意义，要求各连召开军人大会鼓舞士气。他在会上说："每一个战斗的胜利，都是达到战役总胜利的必须因素。我们要拿这样的胜利，来彻底粉碎敌人的第五次'围剿'！"

为掌握部队的战前思想动态，黄克诚有空就往连队转，关心战士们的冷暖，细说这次的作战任务。这天，他来到红十团阵地上，看到战士们正在加固工事，便和大家一起干起来。

黄克诚边干边问身旁的一个小战士："小同志，你是哪人？这次要打的仗不小，怕不怕？"

麻坑吴氏祠堂——广昌高虎脑战役红四师指挥部旧址

小战士回答道："我是广昌本地人，前年冬天第四次反'围剿'前参加的红军，老兵啦，不怕！"

他听后笑了笑，直起身对战士们说："同志们，我们现在的光荣战斗任务是誓死保卫赤色的驿前，武装保卫秋收，粉碎蒋介石的进攻计划。这次阻击的是敌人精锐部队，可能要打一场恶仗！所有的指挥员、战斗员要团结得像一个人一样，绝对服从指挥，坚决执行命令，还要发扬我们的光荣战斗作风，善于以少胜众，以一当十。"

大家听后，异口同声地回答："坚决服从命令，粉碎敌人进攻！"

在他的带动下，红四师掀起了政治动员热潮。师政治部设立了宣传队，表演歌舞，还分配人员到各团，同团政治处的人员一道分赴各连开支部会，各连的指导员又召开了全连军人大会。就这样，他把全师的士气带得嗷嗷叫。

高虎脑战役有五次大的战斗，其中一次就叫高虎脑战斗。8月5日，高虎脑战斗打响，红军英勇地打退了敌人的多次冲锋，但对敌人的飞机却很头痛。这些敌机在空中像苍蝇一样嗡嗡叫，时而侦察，时而轰炸。当时红军没有防空武器，对它无可奈何。各团反映说，敌机想炸就炸，打又打不下来，很多战士心里窝火，有的还产生了恐惧心理。黄克诚听后，赶紧叫师部宣传队利用战斗空隙，同各团的宣传队一道去阵地上，对战士们宣传"不要害怕飞机，飞机是不能解决战斗的""不要停止进攻，只要接近了敌人，飞机就不敢丢炸弹"。他还打电话给各个团长，叫他们在敌机来时要"注意地下的敌人，莫管飞机的扰乱，但要叫战士们尽可能隐蔽，减少伤亡"。后来，战士们见每次与敌奋勇肉搏时，敌机果然像黄政委说的，不敢丢炸弹，便再也不怕它了。

为了激励部队的斗志，只要战士们在战斗中打退了敌人的冲锋，或者缴获了敌人重武器等，师政治部都迅速发出战地捷报。高虎脑战斗，激战三天，红军3个师打退了敌人6个师的进攻，取得这场阻击战的胜利，军团政治部的宣传部长刘志坚写了一首叫《高虎脑战斗我们胜利了》的祝捷歌。新歌一写出，他就让火线剧社驻红四师的分社，去各个营连教唱，并且剧社还给战士们表演了歌舞，庆祝胜利。

在战场上，对伤员的鼓励也是思想工作的重要部分。高虎脑战役历时41天，前后打的六场阻击战，红四师参与了五场。在每次战斗中，黄克诚都叫各级政工人员针对性地做好工作，对提高指战员的作战勇气起了很大的作用。8月28日，敌人对红四师守卫的宝峰山、蜡烛形阵地，发动猛烈攻击，不仅使用了威力强大的重炮，还打了许多硫黄弹、催泪弹。英勇的红四师战士，在工事被重炮摧毁，大家被毒气熏得流泪、咳嗽、呕吐不止的状态下，还坚守在阵地上，顽强战斗。有个班长三次负伤都不肯下火线，别人要他下去，他回答说，"不要紧，我如果下去了，这个班就没人指挥了"。于是，这个班长便躺在担架上指挥，到第四次负了重伤才被抬下去时，他还在担架上作宣传，鼓舞其他伤员。这个班长的故事，当即被师政治部当作典型在全师宣传，事迹还被《红星报》报道。当时，"负伤不哭""轻伤不下火线"，成了最普遍而又深入的口号，很多伤员都要动员才肯下战场。

每场战斗结束后，黄克诚都叫政治部的同志写慰问信去慰问战斗最激烈、最英勇的部队，对打击敌人的新办法进行宣传，还召开追悼会祭奠死难战友。

黄克诚一生为革命身经百战，他刚正不阿、信念坚定、待人宽厚、心细如发。这种高尚的品格和革命情操，值得我们永远学习和传承发扬！

（谢街生）

22 李天佑高虎脑拒敌

李天佑 1914 年生于广西临桂，1929 年加入中国共产党，同年参加百色起义。1930 年，年仅 16 岁的李天佑任红七军军部特务连副连长，之后随部转战桂黔湘粤鄂赣边地区，多次在危急关头，身先士卒、冲锋在前，被誉为"小老虎连长"。

1931 年 7 月，红七军与中央红军在江西于都会师后，李天佑任红三军团第五师十三团团长。1934 年 1 月，20 岁的李天佑升任红三军团第五师师长。同年 8 月，在军团长彭德怀、政委杨尚昆的统一指挥下，他率领红五师坚守高虎脑、万年亭一带，与国民党军展开了殊死搏斗。

1934 年 7 月下旬，接到上级命令，李天佑率领的红五师在高虎脑及西侧山峰担任正面防守。李天佑部署第十三团防守高虎脑及贯桥北端阵地，第十四团在上坪东端为第二梯队，第十五团在高虎脑南端为预备队，师指挥所设在曾家排。李天佑率部到达高虎脑阵地后，他及时传达上级指令，召集部下进行战前思想动员，强调此次红三军团必须依托高虎脑的险峻地势，紧扼敌人南进咽喉地带，阻击敌人向石城推进。

很快进入战前准备，李天佑率领各团政委和团长一起登上高虎脑山顶察看地形，研究作战计划，讨论阵地配置、兵力使用、工事构筑等。战斗打响前，彭德怀军团长和杨尚昆政委来到红五师视察前沿阵地工事，李天佑全程陪同。在视察中，彭德怀指示师团领导，要加强部队的思想动员，提高指战员坚守的决心和信心，并加紧做好各项战斗保障工作。

战前准备工作如火如荼地展开，在数千米长的防线上挖战壕，设陷阱，搭掩体，建指挥所。战士们砍下射界内的松树，搭顶盖和支架，捡石头垒在工事前沿。又在堑壕外围几十米处再挖一道深深的外壕，外壕前的坡地上设置手拉雷、竹尖、鹿砦、铁丝网，齐胸高的堑壕后面，挖掘了单兵掩体，便于躲避敌机轰炸和炮击，主阵地的工事再次加固。历经半个多月，防御工事基本构筑完毕。

8月4日，李天佑接上级指令率领第五师于凌晨4点进入阵地，严阵以待。8月5日拂晓，国民党军调集十多架飞机向红军阵地投掷炸弹，加上地面炮火，高虎脑红军阵地顿时陷入烟尘火海之中。狂轰滥炸一阵后，敌步兵蜂拥而上。李天佑指挥部队展开反击，战士们如同猛虎，抖去身上的硝烟泥土，抄起武器射向敌人。一番恶战后，敌人的第一次冲锋被打退。李天佑左手受伤，他不愿退下去治疗，仍然坚守在前线阵地指挥全师阻击敌军。

战斗间隙，李天佑到前沿阵地检查，鼓舞士气。稍作休整后，红五师迎来了敌人的又一轮进攻。

此时，敌人增加了兵力，调整了队形，而且上有飞机轰炸，下有炮火助攻。在这生死存亡的危急关头，李天佑一面指挥部队集中火力，打击敌人，一面命令预备队增援。在李天佑的指挥下，战士们越战越勇，跃出战壕，与敌人拼刺刀，进行肉博，杀得敌人一片片倒下。这场血战持续了两个多小时，以敌军溃退而宣告暂时告一段落。

经受敌人的多次轰炸和三次进攻后，高虎脑红军阵地的工事一半以上被摧垮，战士们抓紧时间修补工事，收集阵地上的枪支、弹药，硝烟、泥土和着汗水满布他们的脸，鲜血染透了他们被撕烂的衣服。

下午 4 点多钟，敌人发起了新一轮进攻。冲上来的敌军很多栽倒在我军阵地前沿设置的竹钉地带。当后一批冲上来的敌人听到前沿阵地上伤兵凄惨的号叫声，便不敢再贸然前进，只能撤退。而后，敌军仍对我军阵地进行炮击，爆炸声此起彼伏，不绝于耳，时常有战士倒在血泊中。傍晚，战场渐渐陷入沉寂。

6 日上午 8 时，敌人主力向高虎脑红五师阵地发起猛烈进攻，先以火炮轰击，后以步兵密集队形发起冲击。李天佑指挥红十三团以步枪、手榴弹、地雷击溃敌人，同时命令红十四团从右翼向北突击。就这样，在红四师、红三十四师的密切配合下，敌人进攻一次，红五师就将其击退一次，敌人始终未能跨过红军防御阵地。

面对数倍于己的敌人的疯狂进攻，李天佑率领红五师沉着应战，顽强守备，坚守阵地 3 天 3 夜，击退了敌人一次又一次的进攻，直到接到上级命令，才撤离高虎脑阵地，退至万年亭防守。

1934 年 8 月 14 日至 8 月 30 日，李天佑又率领红三军团第五师在万年亭、宝峰山、驿前等地英勇作战，顽强抗击敌人，胜利完成了阻击敌人南进的任务。

（杨菊秀）

23 苏振华浴血高虎脑

苏振华是著名红军将领，在中央苏区第五次反"围剿"的高虎脑战役期间，他任红三军团第五师十三团政治委员，挺身奋战在炮火轰鸣、硝烟弥漫的最前线。

1934年4月底，红军失守广昌县城后，国民党军纠集重兵继续沿广昌南部向中央苏区腹地推进。为了阻止国民党军南进，1934年8月，红三军团及红五军团一部与国民党军在广昌高虎脑进行了一场殊死大搏斗。

1934年夏，红三军团接到在广昌南部布防的命令。在军团长彭德怀、政委杨尚昆的统一指挥下，苏振华所在的红五师十三团肩负的任务是坚守贯桥村东侧的高虎脑和王土寨，这是敌人从广昌去石城的必经之地。

在这样广阔的战线上，和进犯的强敌打阵地战、防御战，对红十三团来说无疑是一次艰苦的考验。接到任务后，苏振华立即和团长黄珍，研究布防措施。他们知道高虎脑地势险要，敌人势必会不顾一切代价来抢夺，所以每一个阵地、每一个工事、每一个射击孔，他们都亲自前往检查和修正。

就在结束准备工作的第二天，敌人就对高虎脑进行了试炮。苏振华和黄珍仔细观察炮击情况后，断定敌人将会在第二天发起真正攻击。

8月5日拂晓，敌人开始对高虎脑及周围阵地进行轮番轰炸，炮击异常猛烈。没多久团指挥所的电话线就给炸断了。为了获取前线情况，苏振华立刻离开指挥所，前往最前沿的阵地——二营防守的王土寨。

团指挥所在王土寨的后山脚，从指挥所到王土寨，需要爬过一段陡峭的山坡。苏振华艰难地往上爬，炮弹带着呼啸声从头顶飞过，随着"轰——轰——"的爆炸声，弹片就在耳边飞过。

苏振华到达二营阵地后，沿着交通沟到各个工事去视察了一遍。工事构筑得很坚固，被打塌的很少。苏振华很清楚，炮击过后，敌人必定发起进攻。一检查完工事，他满怀激情地给战士们进行战前动员："同志们！遵守自己神圣的诺言！轻伤不下火线，重伤不喊叫！保卫我们的苏维埃政权！为十三团争光！为牺牲的同志报仇啊！"

他铿锵有力的声音，响彻阵地的上空，激发了战士们誓死抗击敌人的信心和决心。

敌人炮击持续两个多小时后，开始发动地面进攻。苏振华仔细观察敌人的队形，和战士们一起静静等待敌人靠前。见敌人一进入射击范围，他大喊一声："打！"重机枪、轻机枪、迫击炮同时开火，炮弹齐发，敌人乱作一团，抱头逃窜。在他的带领下，二营的战士们士气高昂，越战越勇，打退了敌人的第一次进攻。

苏振华指挥战士们快速打扫战场，准备迎接敌人的第二次进攻。可当他走出工事时，发现敌人的炮火又在继续，有炮弹竟落在了高虎脑阵地的后方。他的心猛然往下一沉，那是一营驻地，一营作为预备队，没有筑什么坚固的工事，只是挖了一些掩体。他顾不得危险，冒着敌人的炮火，急速向一营阵地奔去。

炮弹在途中不断炸响，呛人的火药味和热腾腾的烟尘直冲鼻孔，他口干舌燥，喘得厉害。突然，一颗流弹在他身旁落下，一阵热浪将他掀翻，苏振华眼前一黑，失去了知觉。

当他醒来的时候，阵地上已经听不到喊杀声，炮声也弱了。苏振华忍着疼痛，返回团指挥所。刚到指挥所，就收到一营伤亡惨重的报告。团长黄珍焦急地走来走去，不断地咒骂着，试图用强烈的动作来抑制自己的痛苦。苏振华也非常难过，他盯着团长说："前面在冲锋，炮弹却一起打到后面来，这是以往几次反'围剿'没有出现过的情况。"但他知道自己必须保持镇定。

8月6日清晨，趁着敌军炮火停歇的间隙，苏振华又来到高虎脑主峰检查三营的战况。三营十一连阵地的情况很糟糕，有一半以上的工事都被炮火摧毁了。他一边检查工事破坏情况，一边跟战士聊上几句，不断鼓舞、激励十一连的战士。

6日8时，敌人又向高虎主峰阵地发起猛烈进攻，红十三团在政委苏振华和团长黄珍的指挥下，沉着应战，越战越勇，使进攻的敌人遗尸数百，狼狈败退。

至8月7日下午3时，高虎脑战斗结束。在军团长彭德怀、政委杨尚昆统一指挥下，苏振华和团长黄珍率部随红五师撤离了高虎脑高地，走向新的战场……

两个多月以后，红军主力实行战略转移，苏振华和战友们踏上了艰苦卓绝的长征之路。在长征途中，他率部血战湘江，奇袭娄山关，激战老鸭山。解放战争期间，在淮海战役中，他率部围歼黄维兵团1.6万人；中华人民共和国成立后，他在贵州剿匪，五年歼敌27万余人……他被邓小平誉为"最能打的政委"。1955年被授予上将军衔。尽管他本人再也没有回过广昌，但他和广大红军将士在高虎脑战役中坚守阵地、英勇作战的身影却深深地印在了这片红色的热土上。

（钟火兰）

24 张震鏖战蜡烛形

曾任中央军委副主席的张震将军是我军一位智勇双全的名将，他戎马一生，创造不少战争奇迹。第五次反"围剿"期间，张震参加了广昌保卫战，又率部血战高虎脑。

1934 年 7 月中旬至 8 月底，国民党军集中重兵向广昌南部推进。在彭德怀、杨尚昆的统一指挥下，红三军团及红五军团一部在大寨脑、高虎脑至驿前一带设防阻击敌人。时任红四师十团三营营长的张震，率部在高虎脑地域与敌鏖战一个多月，特别是在蜡烛形战斗中，他率红三营坚守蜡烛形主阵地。当时，敌我双方只有四五百米的距离，红军阵地和国民党军的阵地只相隔了一道小山沟，双方喊吃饭、换哨、修工事的声音，都听得一清二楚。在战斗形势十分紧张的情况下，张震一面布兵设阵，加固防御工事；一面派出联络人员对敌军阵营发起政治攻势，开展瓦解敌兵的工作。

8 月 28 日拂晓，国民党军集中了 7 个师的兵力在 20 多架飞机和近百门火炮的掩护下，向红军阵地发起了全线进攻，战线纵横十余华里。是日，全线战斗异常激烈，蜡烛形、保护山的战斗尤其激烈。天刚亮，国民党左翼第四师以 2 个团的兵力，向蜡烛形阵地左翼冲击。国民党军先以飞机轰炸，继而火炮猛轰，尔后步兵从地面向红军阵地推进。张震将师模范红八连配置在最前沿的高地上。营部率机枪排和红九连防守红八连的侧后高地；红七连作为营的预备队，集结在营指挥所附近的掩蔽部内。面对敌人空前猛烈的炮火，张震坚定沉着地指挥全营战士英勇抗击，连续打退敌人多次冲锋。在战斗中红军指战员毫无惧色，大家都抱着"有敌无我，有我无敌"的战斗决心，坚决守住阵地。在国民党军飞机、重炮的轰击下，红军阵地工事大部被炸毁，很多机枪被炸坏，张震的营指挥所也被打塌了。炮轰过后，战场出现短暂的宁静。不久，远处又传来一阵号叫声，张震探出交通壕一看，只见国民党军漫山遍野像蚂蚁般的向红军前沿阵地涌来，负责督战的督战队挥舞着大力和手枪在后面号叫着驱赶国民党士兵向上冲，可是一冲到红军设置了鹿砦的壕沟里，踩上鹿砦就趴下了，国民党军瞬间乱作一团，喊声哭声混在一起，敌人互相踩踏，死伤无数。张震立即指挥红军战士依托战壕奋勇还击，用步枪、手榴弹、刺刀与敌人拼杀，打退了敌人一次又一次冲锋。

驿前麻坑村蜡烛形战斗遗址

激战至中午，红军弹药将尽，火力明显减弱。国民党军乘机组织两个团的兵力，在更加猛烈的炮火掩护下以密集队形向红军阵地发起冲击。在此危急关头，张震立即命令预备队第七连实施反击。全营指战员同国民党军展开了顽强拼杀，子弹、手榴弹打光了，就同敌人肉搏，一直血战至下午，杀得阵地上铺满了国民党军的尸体和伤兵。但是，在敌人一个师多次猛烈冲击下，红三营也付出了巨大的代价。红七连伤亡过半，红八连 140 人只剩下 20 人，红九连损失也很大。在这种情况下，张震集合全营的剩余战士，坚守在一条交通壕里面，准备用刺刀与敌人进行最后一搏。这时国民党军已经对红三营阵地几乎形成了包围之势。为了保存有生力量，红十团团长命令坚守蜡烛形阵地的红三营撤出战斗。

高虎脑战役结束后，张震随中央红军主力实施战略大转移，参加了二万五千里长征。抗日战争爆发后，张震奔赴抗日前线，后来又参加了解放战争，为中国人民的解放事业，为新中国的建立作出了卓越贡献。

1999 年 4 月 11 日至 19 日，张震将军从中央军委领导岗位上退下来仅隔一年，就特地回到阔别 55 年的广昌，深入当年反"围剿"战场旧址视察。回忆起广昌保卫战和高虎脑战役惨烈情景，张震将军动情地说："广昌保卫战是历次反'围剿'以来最为激烈、最为残酷、最为困难、最为被动的一仗。""我当了一辈子的兵，打了一辈子的仗，在我们的军旅生涯中，还没有哪一仗有广昌保卫战和高虎脑战斗那样激烈、残酷。我们的红军将士是那么的英勇，那么的无畏！"

（揭国柱）

25 刘志坚创作《祝捷歌》

中央苏区第五次反"围剿"期间，为了阻击敌人向苏区腹地进攻，红三军团奉命在广昌南部的高虎脑地域与国民党军展开了英勇顽强的激战。红军战士冒着枪林弹雨，无数次地与敌人展开肉搏战，击退了数倍于我且装备精良的敌军之猖狂进攻，圆满地完成了阻击任务，赢得了高虎脑战役的胜利，为主力红军和中央机关的战略转移赢得了宝贵时间。

高虎脑战斗期间，时任红三军团政治部宣传部部长的刘志坚，为了做好部队的宣传工作，在战斗打响前，他经常深入到连队，宣传本次阻击战的意义，鼓舞红军战士英勇杀敌，用实际行动保卫苏维埃的斗争成果，激励红军官兵为保卫红色政权战斗到底。当战斗打响后，刘志坚又重点收集红军官兵作战勇敢的典型事例，并加以总结，及时向各参战部队宣传推广，从而鼓舞了部队的士气。他还多次趁着战斗间隙，来到前沿阵地了解战况。在高虎脑主峰左阵地的红十五团，他看到敌军又一次的方阵冲锋被击退，在红军阵地前沿丢下了数百具尸体和伤兵。在右阵地的红十四团，政委谢振华向他介绍刚刚结束的生死肉搏战："当敌人冲到我军阵地前沿时，我们的红军官兵就跃出战壕，和敌人展开了肉搏战。这是我参军以来遇到的最激烈的肉搏战，阵地上很少听到枪声，敌我双方几百人混战成一团。敌人攻上来，我们拼下去，又攻上来，我们又拼下去……反复冲杀，达一小时之久。最后，敌人终于支持不住了，狼狈地滚下山去。"听着谢政委的讲述，刘志坚的眼睛湿润了。

刘志坚从前沿回到军团指挥部，一进门，就听到彭德怀军团长在和十三团团长黄珍、政委苏振华通电话，彭德怀军团长对着手中的电话大声地说："你们打得很好！知道吗？在你们面前，是敌人的精锐部队！可是，他们照样碰了壁！"黄珍团长请求彭德怀军团长补充弹药，彭德怀军团长用爽脆的声调回答说："马上派人送来！"黄珍团长回复："我们一定守住阵地！"……

刘志坚被红军将士前仆后继、英勇顽强的大无畏精神所感染。当高虎脑战斗结束时，他思绪万千，根据自己所掌握的战地信息，一气呵成地创作了一首歌颂红军将士英勇奋战的《祝捷歌》：

> 高虎脑战斗，
> 我们胜利了，
> 打垮了蒋介石主力六个师，
> 我们百战百胜，
> 真是无敌的红军。
> 顽强守备，
> 英勇抗击，
> 继续发扬英勇精神，
> 胜利属我们！

这首《祝捷歌》很快就在红军中传唱开来。红军战略转移以后，红三军团的指战员们把这首高虎脑战役的祝捷歌唱上了长征路，唱到了大渡河、雪山上、草地中，直至唱到了陕北延安。《祝捷歌》是一首

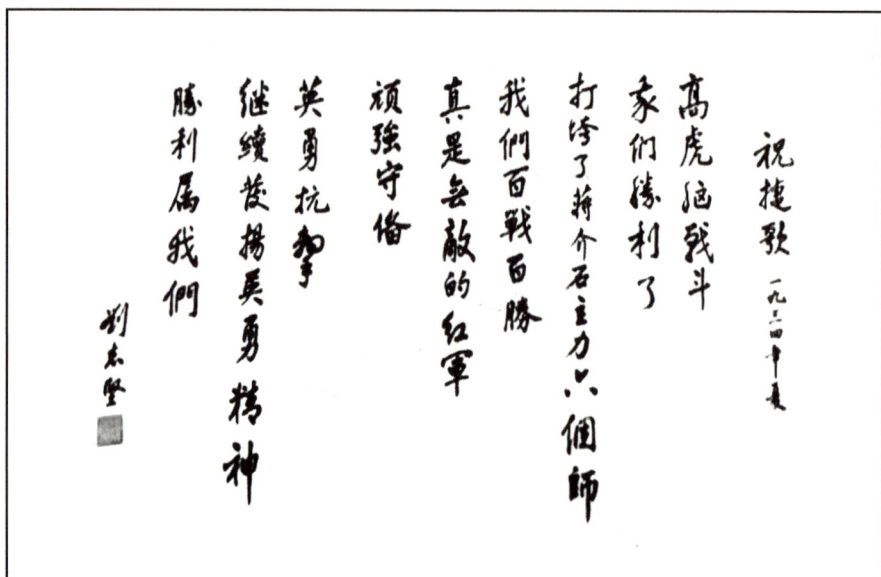

刘志坚手书《祝捷歌》（广昌县革命烈士纪念馆藏）

胜利的歌，鼓劲的歌。多年后，广昌老区人民唱着这首《祝捷歌》，迎接远方归来的人民军队，迎来了全国的解放。

（魏叶国）

第五编

著名红军英烈

26 顾作霖热血洒广昌

顾作霖像
（广昌高虎脑红色展馆供图）

第五次反"围剿"期间，在各个战场上，总有一个拖着病体为战士们鼓舞士气的身影，他的脸色似乎并不好，略微发紫的嘴唇和苍白的脸色，让人觉得一阵风就能把他刮倒。可即使是身体状态到了如此地步，他依旧牵挂着前方的战士，忍着病痛深入一个个红军阵地，为战士们打气，鼓舞他们的斗志。

他就是时任中共中央委员、中央政治局委员的顾作霖。

顾作霖，上海嘉定人。1926 年由共青团员转为中共党员，是上海工人运动领袖、上海第三次武装起义的领导人之一。1931 年 1 月中共六届四中全会以后，进入中央苏区工作。顾作霖到达江西宁都以后，以"一定要不负人民，不负党，要将自己全身心投入革命战斗中"的信念努力工作，常常工作到很晚才休息。那时资源短缺，食物匮乏，环境也相当恶劣。他因为长期过度劳累和营养不良而患上肺结核病，曾多次吐血晕倒。大家劝他休息，他却仍然坚守在工作岗位上。

1933 年 4 月，闽赣省委成立，顾作霖任省委书记。省委新成立，各项工作千头万绪，他根本就顾不上自己的身体，夜以继日地忘我工作，完全忘记了自己的病情。

1934 年 1 月，在中共六届五中全会上，顾作霖被补选为中共中央委员、中央政治局委员。后又任红军总政治部代理主任。4 月，他随部队来到广昌。在广昌保卫战中，他明明已经病情严重，明明知道自己已经处在生与死的危急关头，却仍旧拖着孱弱的病体，夜以继日地工作。战士们纷纷劝他退下阵地去休息，他总是说："我不能走，阵地在哪里，我的工作就在哪里。"

是啊，他可是中革军委野战政治部主任啊，肩负重任，他怎么能走？

历经 18 天惨烈的广昌保卫战，以广昌县城失守而告终。1934 年 4 月 28 日晚，中革军委在广昌县头陂镇冯家祠召开军团以上负责人会议，他强忍着病痛去参加会议，会议过程似乎十分漫长。顾作霖只觉得自己快要撑不住了，他咬紧牙关，强迫自己撑下去，撑下去！他不断地告诉自己："你不能倒，你还没有亲眼看到革命的胜利……"

他靠着自己强大的意志力撑到了会议结束。在回去的路上，他抬头看着星空，嘴角勾起一丝弧度，又叹息一声……他多想撑到革命胜利的那一天！

回到住处后，他只觉得胸腔似乎涌动着什么，一股鲜血从他的喉咙涌出，顿时栽倒在地上。虽经努力抢救，因医疗条件有限，顾作霖在头陂驻地逝世，年仅 26 岁。

鉴于顾作霖的身份特殊及战争形势，当时中共中央未对外公布顾作霖去世的消息。野战军司令员朱德命警卫营长肖锋率一个班的战士，将顾作霖的遗体运往瑞金。直到5月28日，中华苏维埃共和国中央执行委员会发布顾作霖逝世的讣告。

5月30日下午，中华苏维埃共和国政府的大礼堂中，2000余人参加吊唁，朱德、周恩来、博古、林伯渠等致悼词，称顾作霖为"鞠躬尽瘁、死而后已的中国青年运动的卓越领导人，中国共产党的优秀活动家"。

5月31日上午，顾作霖的遗体被安葬在叶坪洋冈上村外的小山上。"青山处处埋忠骨，何须马革裹尸还"，为了中华民族的解放事业，顾作霖把年轻的生命永远融入了他生前深深热爱的红色土地上。他的精神与山河同在，与日月同辉！

（田　凤）

鲜血润沃土

27

——曹其灿献身广昌保卫战

曹其灿，湖南省益阳县（今益阳市）人。1925 年在家乡从事农民和学生运动，同年加入共产党。参加过中央苏区历次反"围剿"战斗。在第五次反"围剿"期间，任红三军团第六师政治部主任。1934 年 4 月 27 日，在广昌保卫战中壮烈牺牲。

1934 年 4 月，国民党军调集 11 个师的兵力，沿旴江两岸兵分两路进攻中央苏区北大门广昌。中革军委调集红军主力 9 个师，与敌决战，保卫广昌。4 月 10 日，空前激烈的广昌保卫战打响。红三军团第六师奉命坚守旴江东岸的延福嶂、白叶堡、大罗山一线。政治部主任曹其灿与师长曹德清配合默契，团结战斗，率领英勇红军与敌军在延福嶂激战一天一夜，成功打退敌人的首次进攻。

之后的几天，敌人在飞机大炮的掩护下，数次向延福嶂、白叶堡发动进攻。曹其灿率部坚守阵地，与敌军激战数日，打退敌人的多次进攻，后接上级命令退守到白叶堡以南的大罗山。

16、17 两日，趁国民党军队修路筑堡之际，曹其灿带领红军战士与当地群众抢修大罗山工事。其间，他还根据红六师战士基本是兴国县人的特点，特意指定几个文工队队员唱起了兴国山歌《十送哥哥当红军》："哎呀嘞……一送哥哥当红军，家中事情你放心，大小事情我来做，遵守纪律要认真。完成任务做好样，争取做个好标兵……"为战士们加油鼓劲。听到这首歌，战士们感到格外亲切，顿时劲头倍增，短短两天修筑了大量的明碉暗堡，还挖了三道壕沟，在阵地前埋好了地雷和导火索，为迎敌做足了准备。

19日，国民党军河东纵队两个师向大罗山、延福嶂大举进攻。红六师与前来支援的红十三师一道继续坚守大罗山阵地。下午3时30分，敌军的大炮首先向大罗山山顶轰击，红军的碉堡被炮火摧毁。大罗山上森林茂密，敌机又向阵地投放燃烧弹，顿时山上一片火海，不少红军战士壮烈牺牲。

当晚7时，红一、红三军团主力突进到大罗山至司前排一线，向国民党军发起反攻。众多敌人从堡垒中蜂拥而出，朝着红军的阵地展开猛冲。曹其灿率部用机枪、步枪阻击敌军，手榴弹像雨点般朝着敌人扔去，子弹快打光了，红军战士们端起刺刀跳出战壕，与敌展开肉搏，敌军瞬间被冲得七零八落。这场战斗极为惨烈，红军击毙敌军团长李芳等200余人，红军将士也付出极大牺牲。

20日凌晨，红六师撤至饶家堡附近，与红四师、红五师会合。下午2时左右，敌先头部队到达饶家堡附近构筑阵地，并派出部队四处搜索红军。隐蔽在饶家堡东南树林里的曹其灿看到前来搜索的敌人，率领红军迅猛出击，并指挥所部红军三面围攻敌军。敌军凭借强大火力负隅顽抗。入夜，饶家堡战斗打响，彭德怀、杨尚昆指挥红三军团红四师、红五师、红六师，在红一军团协同下，乘夜向饶家堡、司前排敌阵地发起猛攻，一举占领饶家堡东北阵地。此时，敌军第九十七师主力赶来增援，敌我双方在饶家堡展开猛烈争夺战。是夜，阴雨连绵，能见度极低，敌我不辨，枪炮无法射击，双方短兵相接，展开了白刃格斗，反复争夺，阵地6次易手。至翌日拂晓，为避免敌军飞机攻击，红军撤出战斗。

27日晨，红六师担负守卫广昌县城盱江东岸的赵陂洲（又名姚排洲）、藕塘下一线的任务。国民党军11个师兵力自广昌城北沿盱江两岸向南推进，敌军飞机大炮对红军阵地狂轰滥炸，很快摧毁红军的堡垒工事，地面敌军向红军阵地疯狂扑来。曹其灿亲临前线，指挥红军冒雨向敌军发起反击，同敌人展开殊死的搏斗。红军指战员不怕牺牲，前仆后继，一个个战士倒下去，又一批批战士冲上来。有的子弹打光了，就和敌人拼刺刀，有的刺刀拼断了，就抡起枪托砸向敌人，连续打退敌人一次又一次的进攻。突然，一颗子弹击中了曹其灿的胸脯，鲜血直流。警卫员见状，大喊一声："主任！"随后快速奔到了他的身边，双手捂着他的伤口，不停地喊卫生员。曹其灿知道自己快不行了，他摇了摇头，用尽最后一丝力气对警卫员说道："不要管我，告诉战士们狠狠打……"话还未说完，他就牺牲了，年仅28岁。

同年8月25日，《红星报》刊发《悼曹其灿同志》的文章，指出："曹其灿同志死于浴血的广昌战斗中，牺牲于第五次反'围剿'的决战关头，他为苏维埃，为工农群众，为中华民族流尽了最后一滴鲜血。他的名字永远写在革命战史的篇章上。"

（黎国兴）

28 陈树湘血战高虎脑

陈树湘，1905 年出生于湖南长沙，在毛泽东、何叔衡等影响下，投身革命，1925 年加入中国共产党。陈树湘参加了秋收起义、井冈山斗争、中央苏区历次反"围剿"斗争。在高虎脑战役中，陈树湘率红三十四师血战高虎脑，立下赫赫战功。

1934 年 8 月，陈树湘遵照军团首长的命令，率领红三十四师在高虎脑以北画眉寨、良田、香炉峰、高脚岭、赖禾岭一带设防，拱卫在防线的最前沿。陈树湘根据各团的战术特点，精心部署防御力量，命令红一〇〇团守香炉峰，红一〇一团守高脚岭、赖禾岭，红一〇二团守画眉寨，时刻警戒南进之敌。

为了打好这次战斗，陈树湘作了充分的战前动员，他嘱咐守备将士：要提高坚守阵地的决心和信心；要充分利用高虎脑一带险要地势居高临下，狠狠打击敌人。根据师长的命令，红三十四师广大指战员昼夜奋战，做好战前准备，修筑防御工事，不仅加固了主阵地，而且还在阵地前沿加筑了副防御设施，挖了外壕，埋了地雷，设了竹签和鹿砦。

8 月 5 日凌晨，高虎脑战斗打响。红三十四师首当其冲。国民党左纵队分两路向高虎脑地域进犯。其中一路敌人约 1 个师于 3 时 30 分开始向画眉寨红一〇二团阵地进攻。敌人先以炮击，尔后步炮协同攻击。红一〇二团两个连队抗击敌人 1 小时之后撤退至良田，国民党军陆续跟进并就地筑垒固守，与红一〇二团对峙。与此同时，国民党右纵队向高脚岭发起攻击，红一〇一团第一营顽强抗击，经 3 小时激战，终因寡不敌众，撤离阵地。敌人占领高脚岭后，乘势推进到赖禾岭，12 时许，红一〇一团以两个营的兵力由鹅形向赖禾岭之敌进行反击，未果。陈树湘随即率领部队南撤至香炉峰、鹅形一带防守。

8 月 7 日 8 时，国民党军右纵队由赖禾岭、高脚岭及其东南地区，分三路向高虎脑西侧运动；国民党军左纵队主力由画眉寨向高虎脑以东地域推进。9 时，国民党军先以飞机大炮向红三十四师防线香炉寨、鹅形阵地发动猛烈轰击，接着以 3 个步兵团在飞机大炮的掩护下向鹅形冲击。陈树湘率领红军指战员沉着应战，接连击退敌人 4 次进攻，给敌人以重大杀伤。激战至 13 时，阵地工事全被敌人炮火破坏，机枪子弹告罄，增援部队又遭敌人炮火拦截。坚守至下午 3 时 40 分，根据军团首长的命令，陈树湘率领部队撤离高虎脑阵地，退守楮树坑、万年亭、麻坑地域，随时准备迎接更为激烈的战斗。

高虎脑战斗，是第五次反"围剿"以来最激烈的一役。陈树湘所率红三十四师与兄弟部队约 1.6 万人，在彭德怀军团长、杨尚昆政委统一指挥下，顽强抗击国民党军 6.4 万余人的进攻，使国民党军伤亡 4000 余人，其精锐部队第八十九师丧失战斗力，不得不退出战斗。高虎脑战斗，我们胜利了！

在战斗期间，国民党军步炮协同飞机作战，倾泻在红军阵地上的各种炮弹和炸弹 2000 多发，手榴弹 5000 多颗，子弹飞梭如蝗。陈树湘率部发扬不怕牺牲的战斗精神，用步枪、手榴弹与敌人拼杀，成功击退敌人一次又一次的进攻。

中央红军长征出发后，陈树湘率领红三十四师受命担任全军总后卫。湘江战役打响后，陈树湘奉命率部与数十倍于己之敌鏖战 4 天 4 夜，掩护中央红军主力突围渡过湘江。然而，此时的红三十四师却已被国民党军阻隔在湘江东岸，无法渡江追赶主力。

1934年12月12日，陈树湘率部向湘南突围过程中，腹部中弹，身负重伤，不幸被俘。敌人抓到陈树湘以后，欣喜若狂，用担架抬着陈树湘前往长沙请功。在途中，陈树湘趁敌不备，强忍剧痛用手撕开自己腹部的伤口，绞断肠子，英勇就义，将青春与生命永远地定格于29岁。

2020年9月，习近平总书记在湖南考察工作时，高度评价陈树湘烈士"断肠明志"的事迹"十分感人"，感叹湘江战役"寸土千滴红军血，一步一尊英雄躯"。

中国革命之所以能够成功，就是因为有一支有理想信念的革命队伍。在关键时期，这支队伍能够做到视死如归，一往无前，迸发出压倒一切敌人的英雄气概。陈树湘是无数革命先烈中的杰出代表。

（揭国柱）

29 陈阿金：为苏维埃流尽最后一滴血

"青山有幸埋忠骨"，在高虎脑万年亭的高山松林中，有一座红军烈士墓静静地守护着这方水土。墓主人陈阿金是红军高级将领、红三军团红五师政治委员，他于 1934 年 8 月 28 日牺牲在万年亭战斗中。

1934 年 4 月，中央红军第五次反"围剿"广昌保卫战失利以后，国民党军集结重兵继续向广昌南部推进，为捍卫中央苏区、保卫中央机关和中央主力红军的安全，红三军团主力和红五军团一部奉命在广昌南部高虎脑、万年亭至驿前的纵深地带，构筑五道防御阵地，阻击国民党军南进。在红三军团军团长彭德怀、政委杨尚昆的统一指挥下，时任红三军团第五师政治委员的陈阿金与师长李天佑，奉命率部扼守高虎脑主阵地。

8 月 5 日拂晓，敌军 10 多架飞机和数十门大炮向高虎脑红军阵地进行猛烈轰炸。6 时许，敌军 6 个师轮番向红军阵地展开进攻，敌步兵排成方阵蜂拥般扑向红五师主阵地，战斗打得非常激烈，红军战士英勇抗击，与敌人展开了生死搏斗，先后打退敌军 6 次进攻。

红军与敌军在高虎脑连续打了三天两夜，战斗情景十分惨烈。三天战斗，仅红五师就歼敌 2000 余人。8 月 7 日下午，陈阿金和李天佑接到军团命令，率部撤向南面万年亭一带，继续阻击敌人。

8 月 14 日凌晨 4 时 30 分，敌军向万年亭又发起进攻。敌军的飞机和大炮向万年亭狂轰滥炸，红军阵地一片火海，浓烟滚滚，土石纷飞。面对敌人的猖狂进攻，红五师在师长李天佑和政委陈阿金指挥下沉着应战，待敌军前进到红军前沿阵地时，红军指战员用手中的机枪、步枪、手榴弹一起射（投）向敌群，子弹打光了，红军战士与敌人血肉相搏，最终将敌军六十七师大部歼灭。

敌军正面进攻失败后，重新集结重兵向红五师左侧十三团阵地发起猛烈进攻。战况危急，陈阿金与李天佑师长商议，急调师预备队投入战斗支援十三团，并同时命令全师向敌军发起全面反击。红军指战员勇猛杀敌，冲到阵地鹿砦内的敌人全部被歼，鹿砦外的敌人死伤过半，剩余残敌狼狈后撤。

因红军阵地工事坚固，国民党军一时难以攻取，于是从南京调遣重炮前来助战。26日，敌多个重炮部队到达贯桥地区。27日，万年亭第二阶段战斗打响。28日，100多门敌炮和10多架飞机一齐向万年亭红军阵地展开狂轰滥炸……

广昌县驿前镇贯桥陈阿金烈士墓

为更好地把握战局，陈阿金与李天佑亲临前线阵地视察。这时，一颗炸弹在陈阿金身边炸响，陈阿金不幸中弹，倒在血泊中，壮烈牺牲，时年 36 岁。

陈阿金政委牺牲后，《红星报》撰文《悼念陈阿金同志》：

"……在弹雨纷飞中，阿金同志亲临前线指挥作战，在激烈战斗中，我们最坚决最有为的阿金同志竟为苏维埃流尽了最后一滴血，而光荣牺牲了！阿金同志的牺牲，是我们很大的损失，我们要学习阿金同志无产阶级的顽强抗敌精神。"

新中国成立后，广昌人民在万年亭山上修建了"陈阿金烈士墓"，纪念这位为民族解放事业而英勇献身的红军将领。每至清明、冬至时节，不少人都会来此祭奠陈阿金烈士。1986 年 12 月 22 日，陈阿金生前战友、中国人民解放军原副总参谋长的伍修权为陈阿金题词："战斗中的英雄，工人中的楷模。"

忠骨长眠高虎脑，热血映红长征路。在高虎脑战役中，包括红五师政委陈阿金在内的 2300 余名红军将士壮烈牺牲。他们为了中华民族的解放事业，将一腔热血洒在高虎脑这片红色热土上。烈士的英名与山河同在，英雄的事迹与日月同辉！

（胡叔敏　刘海锋）

30 火线上的卫生部长何复生

何复生塑像
（广昌高虎脑红色展馆供图）

　　何复生，1902 年生，江苏镇江人。幼年跟随父亲在汉口读书、学医。1926 年加入中国共产党。1930 年 6 月他带领一批医生参加了红军，并受命组织红三军团总医院。后总医院改为红三军团卫生部，何复生先后担任总医院院长、卫生部部长。

　　1933 年下半年，蒋介石纠集重兵对中央苏区发动了第五次"围剿"。1934 年 7 月下旬，彭德怀、杨尚昆率领的红三军团奉命进驻广昌高虎脑地域。此间，何复生将野战医院前移驿前，在驿前古镇、西山下等处设立红军战地医院。为了支持前线，他还将战地救护站设在战地前线的麻坑、庄下，为即将到来的战场救护作好准备。

　　在医院和救护站，每天都能看到何复生忙碌的工作身影。每一次战斗前，他都精心安排好战地救护工作。在战斗间隙，何复生还在红军医院举办看护、医务训练班，并且亲自讲授战地救护知识，提高医护人员的医术水平。何复生精益求精的工作作风、忘我工作的革命精神，深受红军将士称赞。

那时，国民党对苏区加紧封锁，导致苏区药品器材严重短缺，为克服药品器材缺乏的困难，何复生一方面嘱咐医护人员爱护器材，节省药物；一方面积极搜集民间药方，采集中草药，救护红军伤病员。

在高虎脑战役中，红军顽强阻击，奋勇杀敌，战斗非常激烈，我方伤亡不小。伤病员不断被抬进山下的后方医院，何复生带领医护人员日夜忙碌着抢救伤员，手术一个接着一个。

8月的高虎脑，天气异常炎热，前线卫生条件极差，战士生病人数越来越多，痢疾、水肿、疥疮在红军将士中流行，军团长彭德怀电告后方医院派人前来增援。何复生同后方医院医务人员商议后说："我是共产党员，是院长！我带头上战场，更能鼓舞红军战士！"军团卫生部政委刘惠农劝何复生说："这次该我去了。这里伤员这么多，需要治疗，也离不开你，何况你自己身体又有病。"何复生坚持说："前线部队伤病员那么多，战地救护工作任务繁重，有许多问题需要研究改进，我得亲自去看看。"

何复生带着医护人员火速奔赴前线。在战场上，为受伤官兵迅速处置伤口、止血包扎。对重伤官兵则迅速处理伤口后，打好绑带，火速抬下山头，送往战地救护站或后方医院抢救。当时医疗条件差，药品和纱布不够，何复生就地取材，把松针叶捣碎用荷叶包扎。当时许多红军战士患脚水肿病，他就用烟叶水等土方法进行治疗。何复生克服缺医少药的困难，争分夺秒奋战在救治第一线，抢救了许多红军将士的生命。

万年亭战斗打得异常激烈，敌军经过短暂的休整后，又发动了新一轮更大火力的攻击！彭德怀等部队指挥员都劝何复生："这里危险！你撤出阵地，到后方医院去。"但何复生坚持留下来，他坚信在前线能更及时快速地抢救伤员，可以让战士们更早地投入战斗。

　　天气闷热，加上连日的劳累，何复生打摆子病（疟疾）又发作了。他冷得浑身哆嗦，四肢无力，被扶到战壕坑道晒太阳。突然东北天空轰隆作响，敌机来袭，一颗炸弹在何复生身边炸响，何复生身体多处中弹，倒在了血泊之中。随行卫生员赶紧把他抬进掩体内包扎伤口止血，然后紧急送往小松红军医院抢救，但此时的何复生已经停止了呼吸。得知何复生牺牲于前线，彭德怀痛惜不已，后悔没有强行拉他下山。

　　何复生牺牲时年仅 32 岁，他把自己的一生献给了苏区的医疗卫生事业，在中央苏区史上留下一座永恒的丰碑。

（伍广昌）

第六编

广昌英雄儿女

31 少年英雄符竹庭

符竹庭是著名抗日英烈。在苏区和抗日战争时期，他运筹帷幄、克敌制胜的战斗故事在江西广昌、苏北、鲁南广为流传。但他少年时期，智送情报、勇斗顽敌的故事却鲜为人知。

1912年9月，符竹庭出生在江西省广昌县头陂镇边界村曹家边的一户贫苦农民家庭，从小父母双亡，与奶奶相依为命。11岁便到头陂太阳庙揭三杂货店当学徒，小小年纪尝遍了人间辛酸。

1927年8月中旬，八一南昌起义的部队来到广昌，15岁的符竹庭毅然投军，跟随起义部队南下。不久，符竹庭与部队走散，后在失散地加入了党领导的地方武装。组织上后来把他安排在当地圩镇上的一个杂货店工作，以店员身份为掩护，担任交通员，为游击队传递情报。

一天，天刚蒙蒙亮，符竹庭打开店门，正在拿抹布擦柜台。这时，来了一位中年男子，他身穿蓝色竹布长衫，挎着一个黑色布袋走进店里，望了一眼正在抹柜台的符竹庭，说："小伙计，有蜡烛卖吗？"符竹庭转过身抬起头，心里一阵惊喜，但表面却非常平静，"有，在里屋，请跟我来拿吧。"

"好的。"那位中年男子便跟着符竹庭走进里间。来者是当地游击队的邓队长，小竹庭兴奋地问道，"队长，有任务？"

"是的，有份重要情报要送出去。"邓队长说着从兜里掏出一封信

水墨画《少年符竹庭》(广昌县革命烈士纪念馆供图)

交给符竹庭，并嘱咐道，"竹庭，这封信很重要，到时候有人来取，联络暗号是'讨碗茶喝，冇茶水也好'，你回答暗号是'茶在壶里，水在缸里'。"接着，邓队长轻轻地拍了拍符竹庭的肩膀，语重心长地说："竹庭啊，千万要小心，如果联络暗号对不上，就要采取紧急措施！"符竹庭接过信，内心十分激动，坚定地说："队长，请放心，保证完成任务！"

几天后，杂货店里来了一位陌生客人。来客头戴礼帽，身穿长衫，先生模样，一见符竹庭，便伸出左巴掌，打开五指朗声道："小师傅，讨碗茶喝，冇茶水也好！"符竹庭马上明白了对方的身份，又紧张又兴奋，立刻回答："茶在壶里，水在缸里，自己喝，自己取。"那客人一听，笑眯眯地收拢五指，攥成拳头对着鼻梁小声说："敬赤礼！"（意即：五大洲工农兵学商团结起来。）

"请跟我来。"符竹庭热情地把他领进里屋，随后把那封信递给他，并郑重地说："同志，这封信非常重要，路上小心啊！"那位先生接过信，说："请放心，它就是我的生命！"那位先生藏好信后，握着符竹庭的手，激动地说："小同志，谢谢你！咱们后会有期！"随后，他转身离开了杂货店，消失在街上的人流之中。

随着时间的推移，杂货店渐渐引起了国民党反动当局的注意。这天，杂货店里来了一位矮个子，朝符竹庭笑嘻嘻地说："细伢仔，讨碗茶喝，无茶酒也好。"符竹庭听后心里一阵惊诧，暗号错了，显然不是自己人，他立刻机警地回答："有茶有茶，我马上烧来。"那人朝符竹庭上下打量后，朝屋里瞅瞅，鬼鬼祟祟地说："小同志，我是奉命来取材料的。""不用小桶子，有勺子。"符竹庭故意把"同志"说成"桶子"装作听不懂，边说边倒了几勺水放在锅里，然后往灶膛里塞了一把柴，真的烧起火来，藏在灶膛里的一包机密文件，顿时被化为灰烬。

那人问："店里常有些什么人？"符竹庭从容地回答："进进出出多得很，都是顾客不认识。"那人又问："你店里有材料吗？"符竹庭指着货架上的布匹神态自若地回答："你要裁料？你要扯什么布？要多少布？"

那人见问不出什么名堂来，气得火冒三丈，不由分说闯进里屋，翻箱倒柜地乱搜。符竹庭看见那人蛮不讲理，不由得双手捏成两个坚硬的拳头，怒不可遏地吼道："哪里来的贼，大白天进店抢东西！"这声音就像沉雷一样，传得很远很远。街坊四邻听见了很快地赶了过来。那家伙见势不妙，吓得慌慌张张地逃跑了。后来大家才知道那家伙是国民党县党部的侦探。

少年符竹庭智斗反动侦探，机智勇敢地把党的文件、密信、传单、标语、会议通知一次又一次平安传递出去，同志们都称赞他是一位有勇有谋的少年英雄。

（邓仁跃）

32 廖鼎祥：大山里走出来的共和国将军

在广昌尖峰山区，有一位小篾匠，因不甘承受剥削压迫而参加了乡苏维埃政府工作，接着又加入了中国工农红军，经过几十年的艰苦磨砺，这位小篾匠成长为共和国的将军，他就是 1955 年授勋时唯一的广昌藉少将廖鼎祥（1918—1995）。

廖鼎祥 7 岁那年，父亲染病溘然长逝，才上了半年私塾，他就不得不退学而跟着继母砍柴卖，艰难地维持生计。为了有个更好的生活出路，他八岁就去拜师学艺，成了一名篾匠小学徒。当时他的担子一头挑着被褥和换洗衣服，一头挑着篾匠工具，长年在外为生活而奔波，走遍了广昌和临近的福建乡村。由于生活所迫，姐姐刚 13 岁就出嫁了，弟弟才 6 岁，就要上山砍柴。尽管如此，家境还是一年不如一年。

廖鼎祥像

"希望在哪里？出路在何方？"廖鼎祥从小心中就充满疑惑。

1931年2月，临近新年，红四军一部由尖峰乡开到双湖村。那时饱受军阀、土匪之害的乡亲们还不了解红军，纷纷拖家带口，赶着猪，牵着牛，抱着鸡，逃到后山树林里躲起来，他们在山上一个个瞪大了眼睛，注视着村里的动静。从山下传来了猪的号叫。"天哪！又来抢东西了！"一位妇女的悲叹，把乡亲们的心都敲碎了。

没多大一会儿，又从山下传来一声声的呼唤："老表们！快回来吧！我们是红军，欢迎父老乡亲们和我们一块过个开心的年！"听到红军战士们一声声亲切的呼喊声，一些胆大的乡亲才半信半疑地回到村里，一看，全都愣了神！乡亲们家门上的锁还是好好的，没来得及带走的牛呀、猪呀、鸡呀、鸭呀，一样也不少。再看看往日横行乡里、财大气粗的地主家，仓被撬开了，猪被宰了，鸡、鸭都给杀了。一位上了年纪的老大爷，怯生生地问一位战士："北军（北洋军阀）、南军（北伐的革命军），我都见过，你们究竟是哪一路英雄呢？"红军战士见老乡问得有趣，哈哈笑了起来，并用手一指墙上刚刚用石灰水刷上的几行斗大的字，自豪地说："'穷人不打穷人''打倒土豪劣绅''抗租抗债''分田分地'！我们红军是为天下受苦受难的穷兄弟打天下的队伍，归共产党领导，由朱总司令和毛委员指挥！"村民们这才知道这是咱穷人自己的队伍，就把山上的其他人都叫了回来。红军战士们把地主家的粮食、衣服分给贫苦的乡亲，把一沓沓地契投进熊熊的烈火，还煮了几大锅饭，搬来财主家的八仙桌，和乡亲们美美地来了一顿聚餐。这个年，乡亲们过得可高兴了！

对于那时的廖鼎祥来说，最感兴趣的却是红军战士手中的钢枪和帽子上的红星了。他好奇地问道："你这支鸟铳能打山猪吗？帽子上为什么缝颗红星星呢？"红军大哥回答："孩子，这支枪是专门打坏人的！什么山猪野狼、土豪劣绅、白狗子全不在话下！这红星嘛，简单地说，就是谁戴上它，谁就是为穷人打天下的战士啦！"看着红军大哥头顶鲜红的五角星和手中闪亮的钢枪，廖鼎祥下定决心要去参加红军。

这一天，是他有生以来最称心快活的一天，只是这样的日子太短暂了，没过几天红军就离开了。元宵节一过，他又跟师傅到福建走村串户谋生活去了，不知怎么的，从此他总是白天干活安不下心来，晚上的梦也特别多。穷人们惨遭地主毒打的惨叫声总在耳边响起，红军战士英武的形象也总在眼前闪现。他想了许多，终于明白了一个道理：不是屈辱，就是造反，没有别的路，这就是我们穷人的"命"！从此，一颗鲜艳的红星就深深地嵌上了小鼎祥的心头。

1931年初夏的一天，廖鼎祥收到继母的口信，说红军又来到了广昌，建立了苏维埃，正打土豪分田地呢。听到这个消息，廖鼎祥高兴得跳了起来。几天后，他趁师傅回家结婚之际，约了表弟和一个师弟一起跑回了广昌尖峰双湖村老家，加入了打土豪分田地的队伍。"苏维埃"这个洋名词当时他根本不懂，只知道是为穷人作主的组织，还领导穷人打土豪、分田地、放小脚、反对买卖婚姻等，所以打心眼里喜欢。又听人家说："苏维埃就是工农兵代表大会。"他心想：工人、农民都是穷人，兵就是红军呀，这样的组织真是再好不过了。

双湖村苏维埃的成立，像一颗火种，点燃了四面乡里的村村寨寨。双湖村到白水寨（今为赤水镇），溪流三十里的沿岸全都成立了苏维埃政权,土地革命的烈火席卷了广昌的城市乡村,同时也震撼着小鼎祥的心灵。

1931年7月初，尖峰区决定成立游击队。各乡苏维埃组织青壮年踊跃参加。尖峰区游击队一成立就有180多人，编有4个排、12个班。当时小鼎祥刚满13周岁，队里觉得他太小，不愿要。他真急了，和游击队同志软缠硬磨，好歹总算留在游击队里当了一名勤务员。没想到，他的继母硬是不同意他参加游击队，竟然找到游击队的驻地，要把小鼎祥带回家。小鼎祥回到家里很不高兴，急中生智，一骨碌躲进了床底下。等继母走后他才从床底下爬了出来。爬出来时他满脸是灰，用手一摸就更难看，简直变成了"黑老包"。当他回到游击队，队长上前一边给他揩干净脸上的灰土，一边带笑地说："你母亲到处找你，你还是回去吧。"他急忙回道："不！我要参加游击队！我会好好干，干什么都行！"看着他的坚定和执着，队长和书记终于答应把他留下来了，在游击队当了一名通信员。

1931年10月，红四军一部在尖峰附近的闽赣边界活动。根据上级指示，从尖峰游击队挑选几十名队员加入红军。尽管廖鼎祥年纪小，但他机智灵活，意志坚定，顺利地被部队吸收为红军战士。到了部队以后，刚好部队缴获了敌人的一批武器，于是这几十名新战士每人发到一支步枪和一套军装。大家穿上军装，你看着我，我看着你。嘿！那股子美滋滋的劲头就别提了。小鼎祥拿到发给的军帽，久久凝视着帽檐正中缝着的红五星……他端端正正地戴上这顶红军军帽，心里乐开了花。从此，廖鼎祥真正成为一名光荣的红军战士，正式开始了他的革命生涯。

少年立志出乡关，投身革命斗志昂。后来，廖鼎祥在这颗闪闪红星的指引下，在土地革命战争、抗日战争、解放战争和抗美援朝战争中屡建奇功，成为中国人民解放军中一名能征善战的骁勇战将。中华人民共和国成立后，历任中国人民志愿军第五十四军副军长，炮兵指挥部副司令员，中央军委炮兵司令部参谋长、副司令等职。1955年被授予少将军衔和三级八一勋章、二级独立自由勋章、二级解放勋章，1988年获中国人民解放军一级红星功勋。

廖鼎祥的一生是革命的一生，战斗的一生。他战功显赫，功勋卓著，把自己的一生献给了中华民族的解放事业，他是广昌人民的骄傲！

（李晓勇）

33 视死如归陈富生

　　陈富生，1897年生于广昌县苦竹镇潘田村一个贫苦农民家庭。后在党的培养和帮助下，加入了中国共产党，逐步成长为土地革命战争时期的优秀干部。

　　1928年，陈富生参加赣西工农红军。1929年6月，受党组织派遣，带领一支持有13支枪的队伍回洽村黄龙坑开展工作，秘密发展党员和农会会员，很快在周围几个村建立农民协会和赤卫队。8月又带领队伍到广昌苦竹，成立农民协会，秘密发展6名党员，成立中共苦竹支部，建立苦竹农民赤卫队。8月17日，他率洽村游击队、苦竹农民赤卫队配合江西红军独立第二团攻克广昌县城。10月，游击队与国民党军队在黄龙坑激战，因众寡悬殊，陷入重围，陈富生不幸被捕。

　　凶残的敌人知道陈富生是游击队和赤卫队的重要人物，怕他逃脱，残暴地用铁丝穿透他的巴掌。当天下午，陈富生被押往距离黄龙坑10公里的宁都吴村，一路上，敌人对他百般折磨。因为长时间带伤行走，陈富生失血严重，身体极度虚弱。敌人并未就此罢休，到了吴村把他绑在十字立柱上，对他进行了严刑拷打，陈富生支持不住，晕过去了。

　　深夜，敌营长来到关押陈富生的房子，令手下用凉水泼醒陈富生，他站在陈富生眼前，右手猛地托起陈富生的下巴，开始审问他："陈富生，我知道你是块硬骨头,可再硬也硬不过枪子儿。现在你的队伍已经没了，在党国的进剿下，赤匪马上会被剿灭，你所坚持的信仰也会烟消云散。你又何必受着苦，跟着一起灰飞烟灭呢？只要你答应投降，说出红军的去向和黄龙坑苏区干部的名字，高官厚禄唾手可得，荣华富贵享之不尽。"

陈富生摇动了一下昏沉的头，他恨不得咬断敌营长的手指。他慢慢抬起头，挺直胸膛，对眼前的敌营长报以蔑视的眼光，缓慢而有力地说道："要我投降，还要我出卖战友？那你是痴心妄想！"

敌营长有点不耐烦，焦躁地吼道："你命都要没了，还管别人死活？现在你那所谓的主义能救你的命？你的同伙已经逃跑了，你再这样坚持又有什么意义？"

陈富生长笑一声，环顾四周，对敌营长怒目而视："你们这些反动派的走狗，肮脏的躯壳下包裹着的丑陋灵魂，又如何能够理解我们的

水墨画《陈富生被捕》(广昌县革命烈士纪念馆供图)

斗争？我不是为了个人而战斗，也不是一个人在战斗，看着吧，你们终将倒在我们的脚下。"

敌营长恼羞成怒："嘴硬是吧，我要把你身上的肉一块一块地割下来，我看你能硬到什么时候？"说完，立马有个白狗子拿着刀割向了陈富生的手腕，顿时鲜血直流，敌人却狂然大笑起来。

陈富生硬扛着疼痛，厉声怒斥道："为了理想，即便身死，又如何？你们消灭得了我的肉体，但消灭不了我的灵魂，磨灭不了我的信念。革命的火焰只会越烧越旺，倒下我一个，会有千千万万的革命者站起来，最后的胜利一定属于我们！"敌营长气急败坏，令白狗子一刀刀把陈富生的肉割下来……第二天，匪兵把陈富生遗体拖到水口上，对着头部又补了三枪。陈富生壮烈牺牲了，年仅32岁。

当地群众看到陈富生牺牲时的惨状，无不为之落泪；面对国民党的暴行，无不在心里燃起愤怒的火焰。

陈富生视死如归，表现出了共产党人的英雄气概，他激励着前仆后继的革命者为了理想信念而更加坚定地同反动派进行斗争。

（陈富贵）

34 饶福林英勇就义

饶福林塑像（广昌县革命烈士纪念馆供图）

翻开广昌的革命史册，那些为革命捐躯的烈士英名纷纷呈现在我们的眼前，其中县苏维埃政府主席、县游击队长饶福林的英名尤为耀眼。当年，他为了革命事业英勇就义，他永远活在广昌人民的心中。

饶福林，1893 年 10 月出生在广昌县甘竹镇龙溪村饶家堡一户贫苦农民家庭。1929 年 9 月，他在南丰县洽村秘密加入了中国共产党。同年年底，党组织派遣他回到家乡龙溪村开展革命活动，随后他在村里建立了党组织。接着，他在甘竹组织成立了广昌县第一个区革命委员会、第一个区委——中共甘竹区委员会，并担负区委和区革委的领导工作。1931 年 7 月 5 日，在广昌县第一次苏维埃代表大会上，饶福林当选为县苏维埃政府主席；当年 10 月，又担任广昌县游击队队长。

1934 年 10 月，第五次反"围剿"失利后，中央红军主力实施战略转移。当时，组织上需要留下少数部队和地方游击队配合红军行动，掩护红军转移。于是上级命令广昌的地方游击队留在地方与敌人继续战斗。饶福林坚决服从组织的决定，带领一支 500 余人、200 多支枪的游击队，坚持在广昌、宁都、南丰三县交界的山区，借助深山密林与敌拼死周旋。他们不时地骚扰县城与乡镇的反动政府，袭击各地的反动武装据点，搅得敌人焦头烂额，而敌人却始终弄不清这一带红色武装队伍的规模和装备，以为红军还有精兵强将在此留守，从而有效地拖住了敌人的有生力量，国民党军第六十七师意图"清剿"这支红色武装。

11 月，在国民党军一次疯狂"清剿"战斗中，游击队被重重包围，大部分游击队员利用熟悉的地形，巧妙地冲出了敌军的重围。而饶福林为了接应一位受伤的游击队员，与一伙搜山的敌军遭遇。他搀扶着这位伤员在密林中急速地前行，然而追赶的敌军用冲锋枪、步枪密集地扫射，这位伤员头部中弹，当即牺牲。饶福林的大腿也被枪弹击穿，动弹不得，不幸被俘。

敌人抓到饶福林如获至宝，当即向上级邀功，随后遵上级旨意，将这位重要"犯人"从水路押解到省城南昌。起解之时，敌人在饶福林的手掌上穿上铁丝，关进铁笼里，把铁笼绑在竹筏上。竹筏从苦竹港顺流而下，同时敌人还在竹筏上插上白旗，旗上写着"活捉共匪头子饶福林"，并沿途敲锣打鼓。这样做的目的，一方面是企图杀一儆百，震慑广大革命群众；另一方面是妄图引诱突围的游击队员前来营救，意在一网打尽。当载着饶福林的竹筏行至甘竹圩时，盱江两岸站满了群众，他们都争相来为当年威震四方的家乡英雄送行。

饶福林被押送至南昌后关入狱中，敌人先是拿出一份写好的文书，要饶福林在上面画押、摁手印，妄图以高官厚禄诱他投降，但他不屑一顾，毫不动心。

敌人见软的不行，恼羞成怒，立即改用强硬的手段，酷刑一套一套地接着上。先是用皮鞭吊打，灌辣椒水，然后是坐电椅、烫烙铁、手指穿针、上老虎凳……饶福林几次都被折磨得昏死过去，又一次次地被冷水泼醒，如此反复折磨十多天，但饶福林决不屈服，决不投降。

敌人的伎俩在饶福林坚定的革命意志面前毫无作用，黔驴技穷的敌人最后将饶福林秘密杀害。饶福林牺牲时年仅 41 岁。

（饶腾辉[*]）

---

* 饶腾辉，饶福林之孙。

35　一件军大衣

在甘竹饶家堡有一件旧大衣，被当地人像宝贝一样珍藏至今。大衣的主人是一位革命先烈，他的名字叫饶福林。

饶福林是苏区时期广昌县苏维埃政府第一任主席、县游击队队长。1934年4月，广昌保卫战结束后，红军撤离了广昌县城。国民党组织"清乡委员会"和"铲共义勇队"，对广昌的共产党人和革命群众进行了疯狂的镇压，实行"石头过火、小孩过刀"报复政策。中央红军主力长征后，遵照党组织安排，饶福林带领一支游击队在广昌、宁都、南丰三县交界的苦竹、洛口一带，坚持敌后游击战，与敌人展开了艰苦卓绝的斗争。

饶福林深知敌后斗争的艰险，在决定留下的那刻起，就抱着赴死的决心。1934年初冬的一个夜晚，他准备回一趟家，跟妻子作最后的道别。趁着夜色，饶福林急匆匆赶往甘竹饶家堡的家里。快到家时，几声狗吠从空旷的田野传来，寒冷的北风疯狂地撞击着村里的茅草屋。饶福林来到自家茅屋前，轻轻地敲响了房门。

茅屋里，妻子莲花正在挑灯缝补。灯火跳闪，灯影晃动，就像莲花此刻的心情。随着针线的穿梭，她想起枪林弹雨中的丈夫，自从广昌保卫战打响后，他们就没有见过面。听到敲门声，莲花放下手上的针线活，前去开门。门开时，见到久别的丈夫，莲花心头一酸，泪水竟扑簌簌地落了下来，她紧紧地抓住丈夫的手臂，嘴里说道："你怎么还没走？"目光中流露出不尽的担忧。饶福林进屋后，脱下军大衣，抖了抖大衣上的尘土，放在桌子上……

那天晚上他们谈了很多很多。饶福林快要离开时，才得知妻子怀孕了。

夜深了，外面突然响起枪声，狗吠声由远及近。此刻，作为丈夫的饶福林好想留下来，照顾妻子和将要出生的孩子，但知道自己不能留下来，他肩负着组织的任务，他还有更重要的事情要做。这是一个多么难以割舍的时刻，想到要留下妻子一人独自承担以后的一切，饶福林几次都想告诉妻子此行的目的，但话到嘴边又咽回肚里。

他穿起军大衣，匆匆告别妻子。走到门口，猛然意识到：这一走可能很难见到妻子了。于是，他又折返回来，脱下身上的军大衣交给妻子。他对妻子说："莲花，这件军大衣是红军首长送给我的，我把它留给你，冬天可以给你和将来出生的孩子御寒。"说完，饶福林转身消失在寒冷的夜幕里。在这最后的告别中，饶福林把对家人的深深眷恋、对党最忠诚的铮铮誓言，都融入在这件大衣之中……

十多天后，在一次战斗中饶福林为了掩护战友中弹负伤，不幸被俘，被敌人作为要犯关进铁笼子，沿水路解往南昌。在南昌监狱中，饶福林受尽了敌人的折磨，但他始终坚贞不屈。最后，敌人失去耐心，将饶福林秘密杀害了。

莲花像蜜蜂一样辛勤劳作，拉扯着孩子长大。随着日子一天天过去，莲花更加思念自己的丈夫。有段时间，外面隐隐约约传来丈夫的消息。但是村邻都支支吾吾，神神秘秘，似乎有意要避开她，这一切更加坚定了她寻找丈夫的决心。

一天，天刚露出鱼肚白，莲花收拾好屋子，把儿子托付了邻居，抱着那件大衣，冒着凛冽的北风，她决定去寻找自己的丈夫。

来到甘竹老街，莲花拿着丈夫留下的大衣，一家一家地询问，心中对丈夫的思念全部汇聚在怀中的大衣上。就在这时，一个恶霸发现了她，纠集一批地痞流氓把她绑在当街的一个柱子上，拳打脚踢，鞭子恶狠狠地抽在她身上。这批恶棍们嘴里还不停地说："打死你这个红军匪婆子。"面对凶残的反动派，莲花只是紧紧地抱着丈夫留下的大衣，咬紧牙关，不让眼眶中的泪水流下。

饶福林是一位有血有肉的钢铁战士，他把军大衣连同坚如磐石的革命信仰留了下来，传给了他的妻儿，温暖了他们的子孙，激励了一代又一代莲乡儿女奋力前行。

（刘忠照　葛江涛）

36 宁死不屈黎五伢

黎五伢是苏区时期广昌较早的共产党员。1929年，他受党组织的派遣，回乡宣传发动群众，组建革命队伍，开展农民运动，与当地的封建反动势力展开艰苦卓绝的斗争，把生命献给了他无限热爱的家乡热土。

1886年3月26日，黎五伢出生在广昌县甘竹镇洙溪桥头村一户贫苦农民家庭。五伢从小聪明伶俐，记忆力超强。读了三年私塾后，以优异成绩升入县学，20岁成为一名品学兼优的邑庠生（秀才）。五伢毕业后，回乡当上了一名私塾先生。因为教学有方，学生遍及广昌南丰周边的甘竹、白舍、洽村，被人民亲切地尊称为"五伢先生"。

1926年，已经教书近20年的五伢先生，在洽村私塾接触到洽村的地下共产党组织，从中懂得了很多革命道理。他经常利用晚上等闲暇时间去参加地下党组织开展的学习宣传活动，还秘密参加军事训练。在党组织的培养和帮助下，黎五伢进步很快，思想觉悟不断提高。1929年7月，他加入中国共产党。同年9月，他毅然辞去私塾教师工作，受命于党组织委派，返回家乡开展革命活动。他充分利用自己先前的声望和人缘，走乡串村，甚至登门上户宣传革命道理，号召农民群众组织起来，打土豪分田地，反抗腐败的国民党政府。他的号召得到农民群众的热烈响应和拥护。不到一个月，黎五伢就发展了刘润生等一批共

水彩画《广昌农民运动画卷》(广昌县革命烈士纪念馆供图)

产党员，建立起桥头村党支部，并担任党支部书记。

　　紧接着，党支部又在桥头村建立起广昌县第一支少年先锋队，队员有 30 名少年儿童，包括他的大儿子黎巧荣。黎五伢越干越有劲，将革命烈火从桥头引向笪田、坪上和三元等村，并帮助坪上、危家堡革命群众成立广昌县第一个村革命委员会——坪上革命委员会。紧接着笪田、三元、洙溪、鹅龙等村也相继成立革命委员会。黎五伢踏踏实实，一步一个脚印，马不停蹄地又在桥头村周围的马坑、肖家塘、饶家塘、樟家塘、郭头陂、坪背塅等地建立农民协会，组建赤卫队（游击队）。他除宣讲革命道理外，还教大家识字学文化，以提高大家的文化水平和思想觉悟。他十分注意赤卫队的军事训练，经常向全体队员讲述平时多流汗、战时才能少流血的道理，使队员们能够自觉地苦练军事技能。他带领队员打土豪、筹粮款，每到一个村子，先敲铜锣、放鞭炮，甚至打土炮以壮队威，再进村子里开展打土豪、分田地活动。他们把筹集到的粮、钱除一小部分留赤卫队自用外，大部分分给村里的穷苦乡亲。因此土豪劣绅闻风丧胆，穷苦百姓拍手称快，革命队伍逐步壮大，农民运动如火如荼。

黎五伢在甘竹区域开展的革命活动，引起国民党反动政府的极度恐慌。1929年11月16日，国民党广昌县政府指派以吴文荪为首的靖卫团前去"围剿"镇压。吴文荪率领数百人队伍袭击坪上、答田、三元等革命组织和革命群众。他们首先将桥头村包围得水泄不通，企图活捉黎五伢。但黎五伢早已得知消息，率赤卫队转移至邻村坪背塅，并疏散了群众。县靖卫团扑空以后，又涌向坪背塅。

黎五伢发现敌人气势汹汹蜂拥而来，知道双方力量太过悬殊，决不能硬拼。敌人个个手持步枪，腰别手榴弹，还有几挺机枪，武器精良，而赤卫队总共才4支长枪、2支驳壳枪、6把鸟铳，其他的为大刀、长矛（梭镖），且弹药十分有限。于是黎五伢带领队员且战且退，打算撤至西面的大山里隐蔽起来。不料靖卫团已经抢先一步控制了向西的关卡，赤卫队被包围在一处山头上。此时已是傍晚时分，太阳已落山。敌人向山头上黎五伢喊话："黎五伢，你们已经全部被包围啦，赶快缴械投降吧，可以留你们一条活路。"黎五伢举起驳壳枪瞄准喊话的敌人扣动扳机，喊话的敌人应声而倒。敌人随即"叭叭叭"地开枪射击，五伢左臂中弹，鲜血直流，但他强忍疼痛，带伤战斗。这时敌人又喊话了："黎五伢，你若归顺国民政府，保你性命，给你官儿当当，倘若顽固对抗，只有死路一条！"黎五伢大声回应："我们生死都是共产党的人，要我们投降、背叛，你们做梦去吧！"硬拼不行，坐守也是等死，黎五伢果断指挥队员趁着夜色分散突围。敌人发觉赤卫队突围，立马步枪、机枪齐射，手榴弹接二连三掷扔。枪声、手榴弹爆炸声响彻坪背墩夜空，火光映红了半边天。黎五伢身上多处中弹，倒在血泊中，再也没能站起来。

黎五伢宁死不屈的英勇壮举，至今在当地群众中广为流传。在艰苦的岁月中，他不畏强暴、敢于战斗、不怕牺牲的精神，永昭后人！

（饶明志）

37 少年才俊揭俊勋

揭俊勋像（广昌县革命烈士纪念馆供图）

揭俊勋是苏区时期少共广昌县委书记。他于 1917 年出生在广昌县平西镇（今旴江镇）一个贫苦家庭，因生活窘迫，他小时候吃不饱穿不暖，所以身材矮小瘦弱。即便小小年纪，依然要担起挣钱补贴家用的责任，年仅 12 岁的他在县城的一家南货店当学徒，整个少年时期都是在饥饿和贫困中度过的。

苦难的童年生活，使他从小知道了旧社会的黑暗，幼小的心灵萌发了翻身求解放的愿望。

粉碎国民党军第一次"围剿"后，红四军于 1931 年 1 月 13 日进驻广昌，建立了中共广昌县委。3 月中旬，广昌县苏维埃政府宣告成立。苏维埃政府为人民群众当家作主，为劳苦大众办实事，从此广昌穷苦人有了自己的政权。

红军的到来和苏维埃的成立，给广昌带来翻天覆地的变化，揭俊勋看在眼里，顿时知道了很多道理，他明白了"逆来顺受"终究换不来安稳太平的日子，受到压迫的劳苦大众必须勇敢地与剥削阶级进行斗争，反对剥削与压迫，这是穷人翻身谋解放的唯一出路。他下定决心：跟着共产党闹革命！

1932 年，广昌苏区处于稳定阶段，县委、县苏及群众团体得到恢复。3 月，少共广昌县委在全县发动了罢工斗争，动员、号召全体青工、学徒团结起来，开展罢工。罢工工人提出了增加工资、减少劳动时间等要求。在这次斗争中，身为学徒工的揭俊勋勇敢地站了出来，积极配合少共县委的工作，为前来县城调查各商号、工厂、作坊基本情况的少共干部带路，提供各种帮助。他还向青工、学徒等青年群众，宣传苏维埃政府的主张，用自己的亲身经历，现身说法，动员大家团结起来，反抗老板、工头的剥削、压迫。随后他又带领青工、学徒，走上街头游行，为自身争取权益，经过不懈努力，各店老板最终依照要求增加了工资，减少了劳动工时，为劳工改善了工作和生活条件。工人们在第一次罢工斗争中获得了胜利，极大鼓舞了全县工人的革命热情，有力推动了全县青年工人运动的深入开展。这一次青工斗争在全苏区内影响极大，团中央主办的《青年实话》第十四期专门刊文表扬，号召各地团组织向广昌青工学习。

揭俊勋在这次斗争中，表现十分突出，他将从小的愿望化作敢于斗争的动力，到处宣传罢工斗争的意义，积极向组织靠拢。当时的揭俊勋虽然年轻，但他敢于反抗，坚毅果敢，在青工斗争中表现突出，1932 年 4 月，年仅 16 岁的揭俊勋光荣地加入了中国共产党。5 月，他担任了少共广昌县委宣传部副部长。7 月，在少共广昌县委第一次代表大会上，当选少共广昌县委书记。

　　就任少共广昌县委书记后，他经常深入区、乡做调查研究，了解各地的实际情况，把工作做得非常扎实到位，得到人民群众的一致认可。他结合广昌县青工特点，先后主持制定了各级团组织《革命竞赛条约》《广昌县青工斗争纲领》，发展扩大团的组织。至 9 月份，全县有支部 49 个、团员 1090 人，发展模范少共队员 806 人。

　　揭俊勋敏而好学、不怕吃苦等优秀品质以及他在广昌的斗争经历，为他之后的革命道路打下了坚实基础。1932 年 9 月下旬，揭俊勋调任少共宁都县委书记，随后，转调少共中央机关工作。中央苏区第五次反"围剿"失利后，他与少共中央机关一起，踏上了战略大转移的漫漫征途，迎着革命的曙光砥砺前行。

（陈　燕）

38 一枚染血的银圆

中央苏区第五次反"围剿"广昌保卫战期间的一天，红三军团军团长彭德怀去前线视察，路遇一位红军小战士在路边睡着了。彭德怀觉得这里毕竟是战场，睡在路边实属有危险，于是就过去推了他一下。不料，小战士很敏感，突然跳了起来，对着彭德怀挥拳就打……

也许是这位小战士实在是太累了的原因，只是在路边短暂休息就睡着了，也可能是刚刚入睡就被人吵醒，很不舒服，或者是以为同伴们跟他开玩笑，故意骚扰他，便随即打出一拳，这一拳竟然打在了彭老总的脸上，接着闭上眼睛又睡了起来。彭德怀好心却被打了一拳，也没有说什么，他能理解，要不是太累，也不会随便找个地方就能睡着，所以冷不丁挨了一拳的彭德怀并不生气。

彭德怀笑着说："小同志，你可得看清楚了，我可是自己人，咱们可不能自己人打自己人啊。"谁知这位小战士的警惕性极强，嘴巴一撇，仍闭着眼睛说道："穿了红军的衣服，也不见得都是自己的人，现在战况吃紧，敌情复杂，必须谨慎。"

彭德怀听完哈哈大笑地说："这小子，说话一套一套的，还挺厉害。"说着，直接就向前走了。

小战士打军团长的事情被他的班长知道了，班长把小战士叫了过来，批评道："你是不是疯了？军团长你也敢打？还敢说他是奸细！"

这名小战士一听这话，吓得不轻，道："我真不晓得他就是彭军团长。"说完，又惊又怕地哭了起来。

班长接着说："你打了彭军团长，我也保不了你，还是你自己去找军团长赔罪吧。"说罢，就用绳索把小战士的双手捆了起来，要他自己去找彭军团长请求处罚。

小战士赶紧追上彭德怀，"扑通"一声跪在地上。彭德怀一看，赶紧双手将小战士扶起来。小战士解释到："首长，我真不认识您，我还打了您，您处分我吧。"彭德怀闻言哈哈大笑，一边给他松绑，一边安慰道："小娃娃，不知者不罪嘛，没有关系的。"

彭德怀接着还和这位小战士聊起了家常，得知小战士是广昌人，由于不甘受地主的欺凌而参加了红军……彭德怀看这位小战士身材弱小，骨瘦嶙峋，面容憔悴，于是往小战士口袋里塞了一枚银圆，还叮嘱他给自己买点营养的东西补补身体。

自己动手打了军团长，现在军团长不但不处分自己，竟然还对自己这么关心，小战士既感动又羞愧，却不知道用什么语言来表达自己心情。他暗下决心，在今后要加强学习，提高军事本领，在战场上要不怕牺牲，英勇杀敌，用实际行动来报答军团长的关怀。

几天后，广昌保卫战打响了，在一场激战中，这位红军小战士英勇作战，冲锋在前，最终倒在敌人罪恶的炮火之中。

清理战场的时候，人们在他的衣服口袋里发现一枚银圆，只是这枚银圆早已被鲜血染红。原来，小战士并没有用这枚银圆去换取好吃的，而是把银圆放在自己贴身的口袋里，当作彭军团长对自己的关怀而用心珍藏着。

这位小战士为保卫中央苏区流尽了最后一滴血，他甚至没有留下自己的名字，但这枚带血的银圆记录了这一切。为了保卫苏区、保卫土地革命的果实，无数有名的无名的烈士长眠在了这片土地上，广昌人民永远铭记和缅怀他们！

（魏叶国）

39 蜡烛形上军号嘹亮

8月的高虎脑，烈日炎炎，蜡烛形高地更是炮火连天，满山的泥石都散发出硝烟。

守在山头上的红军，刚刚打退了敌人的一次进攻，正在休整。

满脸烟尘的司号员小徐，坐在交通壕里的营指挥所边上，拿着红绸布擦着那把军号，还时不时对着阳光照一照，呵口气再擦。擦完号，又从腰间抽出一支竹笛端详，看到没有破损，开心地笑了。这两件东西，都是他的心爱之物。

小徐是广昌本地人，家里有父母和两个妹妹。1931年1月红军解放广昌并驻扎了下来，离他家不远的小镇上就驻着一个营。那年他才15岁，他先是参加少先队，后又到了模范营，第二年就当了红军，现在已是有两年军龄的老兵了。

记得参军时，区苏政府开了大会，欢送他们当红军，区委书记和红军部队的领导都上台讲话，区里的宣传队还上台表演节目。区干部知道他会吹笛子，推他上台吹了首《当兵就要当红军》。

临行的时候，父母和两个妹妹都来送他。父亲对小徐说："我们这些穷苦人，现在有饭吃、有衣穿，都是共产党和红军给的，做人不能忘恩。"千叮咛万嘱咐都是叫他多杀敌人，不要惦记家里。他一手拉着妹妹，一手抹去母亲脸上的泪水，嘴里只会应着"好好好"，心里很多

驿前麻坑村蜡烛形战斗遗址（谢街生摄影）

话想说又一时说不出来。

小妹问他："哥，以后你还吹笛子给我听不？"

"吹，现在就吹给你听。"说完，他拿出笛子吹起了小妹最喜欢听的小调，小妹高兴得脸上开了花。

小妹从小就喜欢听他吹笛，是他最忠实的听众。他吹笛是戏班子里的笛子师傅教的，起先的笛子也是那师傅给的，那戏班年年都来他们村唱戏，他年年缠着人家教，小曲小调越吹越溜。后来小妹好奇这管子里的声音为啥这么好听，结果捅破了笛塞，不能吹了，为此他难过了好一段时间。现在这根笛子，是父亲随红军去福建时给他买的，比之前的音色还要好。

他家原来穷得叮当响，父亲租地主家的田种，收成除了交租就剩不下什么了，一年有半年挨饿。后来红军来了，苏区政府没收了地主的田分给穷人，他家的生活才开始好起来。父亲参加了游击队，他也参加了少先队，母亲天天晚上为红军打草鞋。

到部队后，集训结束便分在营部通信班。喜欢吹笛子的他，看到司号员的那把号，油然生出一种亲切感，有空就找司号员看号，慢慢也学会吹了。后来那司号员在一次战斗中牺牲了，营里就叫他去吹。就这样，他成了营部的司号员，那把号也成了他的宝贝。

中央苏区第五次反"围剿"斗争从 1933 年 9 月底开始打起，打了快一年。红军从黎川一路退守到广昌，又退守到高虎脑，他已记不清打过多少次阻击，吹过多少次冲锋号了。

他所在红四师第十团三营，从敌人开始进攻那天算起，已经在蜡烛形山上守 14 天了。这个阵地由三个高地组成，最前沿的一个是八连在防守，八连是全师模范连。营部率机枪排和九连守在八连侧后的高地上，七连作为预备队，集结在离营指挥所不远的掩蔽部内，留着实施"短促突击"。营的右翼是团的主阵地，左翼的山叫"保护山"，由红十二团防守。

敌人前两天增调了很多火炮，还有不少重炮，所以今天猛攻红军的整条防线。敌人在炮火过后就组织步兵攻击，虽然很多敌人在红军设的鹿砦中被竹签刺穿了脚板而退却，但他们用"羊群战术"，以营、团为单位组织冲锋，每次都是黑压压的一片涌向红军阵地。

八连守在最前面，他们从倒塌的支撑点里钻出来，用手榴弹、刺刀杀退了敌人一次次的冲锋。九连也打退了敌人几次团级规模的冲锋，营指挥所被打塌了，搬到了交通壕里。

已是中午时分了，战斗从早上开始一直持续到这会儿，才得空隙。

小徐刚把笛子在后腰上别好，就听见"轰"的一声巨响，是威力特别大的重炮，连山谷里的回音都是沉重的。营长喊道"敌人又打炮了，快隐蔽好！"

这波炮火不但有重炮，还有硫黄弹。炮一停，敌人以两个团的兵力，满山遍野地向八连阵地蜂拥而去。营长一看这架势，转头对他说："小徐，快吹号，调七连上来实施突击！"

他看到营长在叫他，但听不见，不知说啥。营长见他瞪着眼傻里傻气地望着自己，没有吹号，看样子是耳朵被炮声震聋了，就打起了手势。他恍然大悟，举起号就吹。可是营长还在那里焦急地边打手势边喊，他估计营长的耳朵也被震聋了，就指了指号又指了指营长的耳朵，营长意识到自己的耳朵也震聋了。

号声过后，小徐见七连没动静，心想他们肯定也震聋了，急忙冒着炮火跑去了七连。

小徐回到营部的时候，九连守卫的营部阵地同样有敌人攻上来，营部机枪排、通讯班也投入了战斗，尽管他们打光了机枪子弹，手榴弹也全扔进了敌群，仍不能打退敌人，最后只能拼刺刀了。

通讯班只有班长是小徐在通信班时的战友，其他人都是广昌保卫战后当地补充来的新兵。小徐与通信班长互为后背，拿着大刀与敌拼杀。参加肉搏的，还有负责担架和救援的当地游击队与民工。

正当小徐接连砍倒两个敌人时，发现有个敌人正从侧面向班长刺去，他跃身挥刀劈到了敌人的头上，可敌人那罪恶的刺刀也透过了他的胸膛。在生命的最后一刻，他拼着一口气，把背靠在交通壕的土坎上，手里紧紧地攥着那把军号，望着北边的大山，那是家的方向。司号员小徐壮烈地牺牲了！

此时，七、八、九连共同与敌肉搏，一直搏到下午才打退敌人。此时全营守在一条交通壕里，准备用刺刀和敌人作最后一拼。后来因战场形势对蜡烛形阵地不利，三营接到团首长命令，主动转移阵地。

转移前，营长、教导员带着大家清理了一处交通壕沟，战友们把小徐抬到了这里。教导员为他整理好军装，用军号上的红绸布擦去他脸上的尘土，把军号留在了他的身边，带走了那支笛子。由于战事紧急，战士们只能用树枝把小徐的遗体遮盖好，然后营长和战友们向他行了个军礼，接着迅速撤出了阵地。

小徐永远地留在了蜡烛形山上。留下的，还有那嘹亮的冲锋号声。

（谢街生）

40 穿越在炮火中的少年英雄

1934 年夏，为了保卫中央苏区，红三军团在彭德怀军团长、杨尚昆政委的领导下，与红五军团一部一起，在广昌高虎脑地域同国民党军展开了殊死搏斗。

在高虎脑战斗中，有这样一名小战士，年纪不满 18 岁却已有 2 年党龄，个子矮矮的，脸孔黑里透红，稚嫩的脸庞上始终显露出坚毅的神采，他就是五师十三团三营的通信班长小刘。

在高虎脑战役中，敌人的炮火时常阻隔了前线阵地与指挥所之间的联系，给我军作战指挥造成了很大困扰。

在敌人的第二次进攻中，炮火纷飞，切断了指挥所同三营之间的交通，电话线也断了，这严重影响了指挥所对战地情况的了解以及及时作出正确的指挥。在团长和政委等人一筹莫展时，一个身影在炮火中穿梭着，突然滚进了指挥所——这正是小刘！他穿越敌人密集的炮火，为指挥所带来了阵地的实际情况。大家焦急地问他："怎么了？怎么了？""报、报告，韦、韦营长牺牲。他、要、要弹药！"小刘同志气喘吁吁，不等歇一口气便急忙向团长汇报。指挥所立即作出了战斗指示，并向上级领导申请了弹药补充，及时派出预备队支援。

很快，敌人的第二次进攻被我们击退了，但是敌人仍然不断地向山梁上发射炮弹，封锁着我后方的交通，并且使得我们和阵地之间的

广昌县驿前镇贯桥村高虎脑战斗遗址

通讯再次断开。又是在这一焦急时刻，小刘同志从山上滚下，时而飞奔，时而卧倒，灵活地躲避着炮火的袭击，穿行于生与死之间，为指挥所送来了三营的一封信。信纸被揉得皱皱的，上面有几块鲜红的血迹，大部分墨水被汗水给浸化了，小刘对团首长说："为了送这封信，我们班里牺牲了三个同志。"

在敌人的第三次进攻前，苏振华政委趁着炮火间隙来到山上的阵地，视察各部防御工事及人员伤亡情况，看望战士们。然而不等政委回到指挥所，敌人的第三次进攻开始了。为保护政委的安全，代理三营营长的供给主任连忙指派小刘护送政委下山。小刘护卫着政委奔跑

在被炮火犁松了的山坡上，炮火在四周不断地炸响，呛人的火药味和热扑扑的烟尘直冲鼻腔。小刘时刻保持警惕，随时注意着四周，不断发出口令："向左！""卧倒！"指挥着政委躲避炮弹。小刘眼疾手快，只要政委稍微迟缓了些，他就会及时推一把。小刘始终神情严肃地观察着周围的炮弹，呼哧呼哧喘着气，不停地大声提醒："注意流弹！姿势放低！"然而，就在这时，一枚炮弹几乎正对着他们的头顶落下来，完全来不及躲闪。就在千钧一发之际，小刘猛地推倒政委，把政委压在了自己的身下，罪恶的炮弹炸响了……

小刘用自己的生命完成了最后的任务，最终政委成功下山，他自己却长眠于高虎脑的山上。这位至今只知道姓不知道名的少年英雄，我们永远怀念他。

（曾诗琪）

41 半截皮带

甘竹老街莲廉文化·红色文化空间馆展厅内，格外引人注意。大家小声议论着，这幅画画的是谁？怎么是一个背影？

画面展示的是一位年轻红军战士，他端着枪，面向太阳升起的地方，坚定地屹立在一座小山岗上。这幅画描述的是红军长征时期广昌籍红军战士魏黎仔的真实故事……

魏黎仔，广昌甘竹洙溪人。1932 年，魏黎仔在家乡参加了革命。他在工作中积极肯干，任劳任怨，是一位深受群众欢迎的苏区好干部。1934 年春，在扩红运动中他带头参加了红军。广昌保卫战和高虎脑战役结束后，红军撤离了广昌。10 月红军开始实施战略转移，魏黎仔跟随中央纵队第三梯队踏上了漫漫长征路，负责照顾负伤的首长和红军战士。

遵义会议以后，红军四渡赤水，摆脱了国民党军的围追堵截，后又突破乌江，强渡大渡河，开始爬雪山、过草地。

一天，魏黎仔跟随部队艰难地行进着。呼啸的北风夹杂着雨雪，打在这群衣衫褴褛的红军战士身上。大家相互搀扶着，步履维艰。负伤的首长命令部队就地休息，找点野菜充饥，可冰天雪地里根本就没有什么可吃的。一路上，好几个战士已经倒在泥泞的路上。

部队在一个土坡上驻扎。炊事班长用几块石头架起锅，魏黎仔将

水彩画《背影》（广昌县甘竹老街
莲廉文化·红色文化空间馆供稿）

自己的一根牛皮腰带放在锅里煮熟，分给受伤的首长和战友吃。他将皮带汤一口一口喂给受重伤的战友吃。首长喝过后，问："魏黎仔你吃了吗？"魏黎仔舔了舔干渴的嘴唇，咽了一口口水，夸张地拍了拍肚子，气喘吁吁地说："吃了，吃饱了。"瘦削的脸上挤出满足的笑容。

　　夜里，风雪再次袭击了营地。第二天，天刚蒙蒙亮，十几个战士围在一块大石旁低声抽泣。警卫员告诉首长，魏黎仔牺牲了。首长拄着拐杖，踉踉跄跄朝着人群走去。冻僵的魏黎仔靠在一块大石旁，直挺挺地坐着一动也不动，全身堆满了雪花，好像一尊雪雕。他右肩靠着枪，眼睛坚定地看着远方，左手还紧紧握着煮剩的半截皮带，皮带被冻得硬邦邦的，边缘上挂着小小的冰凌。这时候大家才明白，原来魏黎仔前一天根本没有吃东西，煮熟的牛皮带自己不舍得吃，能省一口是一口，让伤病战友多吃一口，更有体力前行。而魏黎仔完全是在冻饿中牺牲的。

首长走近魏黎仔，拿起魏黎仔手中的半截皮带，紧紧地贴在胸口。身体阵阵颤抖着，不知道是因为寒冷还是悲痛，首长的热泪在眼眶中打转，一阵风雪吹来，首长擦了擦眼睛，长吁一口气，脱下军帽，带领战士们向魏黎仔鞠了三个躬。

掩埋好魏黎仔的尸首，首长拄着拐杖带领队伍又出发了。在山脚拐弯处，首长停下脚步，回头再次深情地望了一眼魏黎仔牺牲的地方，远远看见一个小小的土堆，土堆尖已经覆盖薄薄的一层雪，好像一朵小白花。首长缓缓地举起了右手，向那个土堆庄重地敬了一个军礼！告别魏黎仔，首长率领战士们抖擞精神，向着胜利继续前进……

（刘忠照）

42 最后的党费

　　这是一个普通红军战士入党的故事。这位红军战士叫周建民，1934 年 10 月，周建民随部队进行长征，在一次战斗中，身负重伤，生命垂危之际，他把多年来积攒的伙食尾子作为党费上缴组织。

　　周建民和廖鼎祥都是江西广昌人。1932 年，他们曾在同一个连队当战士，1934 年底，红军长征到达贵州黎平以后，他俩又在三十九团七连见面了。此时，廖鼎祥刚调至七连任指导员，周建民是七连的战士。

　　见到老朋友，周建民有点不好意思："你进步真快，我到现在还没有入党呢！"

　　廖鼎祥闻言感到无比诧异。廖鼎祥知道周建民年少时曾读过三四年书，而且性格活跃，能写会讲，相对于大多数红军战士连字都不识，周建民可以算是个人才啊。当然，他的脾气有点倔，所以有个外号叫"牛大哥"，但这也不至于影响他进步啊。

　　后来，廖鼎祥找周建民的班长了解情况，班长说他作战勇敢，工作也积极主动，没啥可挑的，就是说话口气大，不注意影响，有些战士还反映他有些小知识分子的清高思想。

　　红军渡过乌江后，占领了遵义城。一天，二排长气呼呼地跑到连部，向连长和指导员报告说，周建民违反三大纪律八项注意，企图搞腐化。

　　"什么，他敢？"连长是个急性子人，几乎吼叫起来。

"他们班长亲眼看见的。"二排长接着把情况向连长详细作了汇报。

如此破坏红军纪律，这还了得！之后连长在全连大会上不点名批评了周建民，要求全连在作风建设上要引以为戒。

后来廖鼎祥了解到了事情的经过，原来是个彻底的误会：那天，队伍开抵团溪镇，刚放下行装，周建民就打算向群众做宣传工作。他敲开了一家群众的房门，却看见一位大娘和一位年轻姑娘正躺在床上抽大烟，周建民当即表示反感，并劝诫她们不要再抽了。此时班长也进来了，以为周建民要和姑娘谈对象。非常时期还自顾自己，班长转身回去后就报告了二排长，二排长则向连长作了汇报。因为是不点名批评，周建民不好辩解，但也背上了思想包袱。不过，打仗他还是过去那股子虎劲。

苏区时期的党费证

不能冤枉一个好同志，廖鼎祥于是找到连长和二排长确认这个情况，在战士们的证明下，他们认识到对周建民的批评确实是错了，于是连长在全连战士面前公开检讨，向周建民赔礼道歉，为他恢复名誉，同时还表扬了他。周建民黑黑的脸庞上又露出笑容，他的思想疙瘩解开了，行军的队伍里又响起了他嘹亮的歌声。

不久后，红军部队来到习水，周建民积极做群众工作，并动员一个村民参加了红军，党支部表扬他工作积极，很有成效。一天，周建民兴冲冲地把一份入党申请书交给了连指导员廖鼎祥，并恳切地说："请党组织考验我，审查我，我请求加入中国共产党。"其实此前周建民已经提交过很多次入党申请书了。

由于当时战事频繁，支部还没来得及研究周建民的入党申请，周建民就在一次遭遇战中受了重伤，一颗子弹从他的后背打进，穿胸而出，生命垂危。

廖鼎祥在阵地上临时主持召开了紧急支委会，专题研究周建民的入党问题。支委们一致认为，周建民思想进步，作战勇敢，工作积极，对革命工作有贡献，应该吸纳到党内来，让其为党做更多的工作，表决一致同意周建民入党。接着，廖鼎祥第一时间将支部表决结果报告营总分支书记，并获得批准。

廖鼎祥追上抬着周建民的担架，此时的周建民脸色苍白，眼窝深陷，他紧咬着嘴唇，一声不吭，廖鼎祥知道，他是在忍受着巨大的伤痛啊！

"建民，建民……"廖鼎祥在担架旁急促地叫唤着。周建民微微睁开双眼，轻轻地叫了一声："指导员。"

"你怎么样？"

"……"他轻微地摇了一下头。

"周建民同志，党组织要我通知你，你已经被批准加入中国共产党，成为光荣的共产党员了。我向你祝贺！"

周建民先是一怔，睁大双眼看着廖鼎祥，随即脸上流露出兴奋、激动的表情，频频地点头，他拉住廖鼎祥的手，说："是党培养了我、教育了我，现在我死了也值得！"说完，他用颤抖的右手伸进军衣口袋里，摸出一个小红绸布包，交到廖鼎祥的手里。廖鼎祥打开一看，是三块银圆，还有一张纸条，上面写着："亲爱的党，请收下我的党费！这是我多年分伙食尾子积攒下来的。"

廖鼎祥的眼睛湿润了。一个多好的同志啊！尽管连队领导对他有过误解，对他进行过错误的批评，但他经得起委屈，那种一心向党、忠诚于党的情感始终不渝。这三块闪闪发光的银圆，不知是他多少个年月的伙食尾子积攒起来的，一直当宝贝似的藏在身上，最后作为党费交给组织，这是向党献出的一片丹心啊！

廖鼎祥安慰道："周建民同志，我一定把你的党费转交给组织，你就安心养伤吧！"

"我，不行了，我的任务，没有完成。同志们要，要继续，继续前进哟！"

说完，周建民永远地闭上了眼睛。廖鼎祥手里捧着周建民的第一笔、也是最后一笔党费，眼睛模糊了。

（魏叶国）

43 坚强的战斗堡垒——回辛党支部

1934年9月，主力红军撤离广昌，广昌苏区遂被国民党军占领，此后国民党大肆捕杀共产党人和革命群众，广昌陷于血雨腥风的白色恐怖之中。国民党先后建立了"联保办事处"、"铲共义勇队"、"清乡委员会"、"善后委员会"等机构，纠结豪绅地主、大刀会、地痞流氓等反动势力，采取了烧光、抢光、杀光、保甲连坐等惨绝人寰的镇压手段，对革命干部和群众进行疯狂迫害和屠杀。

面对敌人的残酷镇压，广昌赤水回辛党支部秘密组织群众，展开针锋相对的斗争。

主力红军撤离广昌后的一天，留在广昌赤水回辛乡的老党员刘尊爵私下找到本乡的几名共产党员商量，他说："红军已撤离广昌，我们与上级党组织完全失去了联系，敌人又如此疯狂。现在怎么办？"同乡的李满仔和其他几位党员都愤慨地说："我们绝不能坐着等死！"当晚，他们在刘尊爵家的房间里秘密地召开了会议。会议决定重新组建党支部，并举手表决，选举刘尊爵任书记，李满仔任副书记，谢兴来任组织委员，刘义财任宣传委员。自此，赤水回辛乡党支部重新建立起来了。在党支部的领导下，他们重新组织周围的共产党员、共青团员、革命群众进行秘密活动，智勇斗敌。

1934年12月，国民党军在新安修建堡垒，大肆向群众摊派劳役。

回辛党支部决定号召群众起来反抗。党支部委员分头行动，秘密召集到了4名共产党员和8名共青团员一起商讨策略。会上，刘尊爵书记首先发言："同志们，国民党修建堡垒，是为了更大规模、更加残酷地镇压我们和革命群众。"李满仔接着说："我们坚决不能去为国民党修碉堡，要动员群众不去修，要坚信红军一定会回来的。"他俩说话的声音不大，但铿锵有力。听到红军一定会回来，大家更有底气了，压低声音议论起来，一致认为必须充分发动广大群众参加到对敌斗争的队伍中来。一直态度严肃的团员代表谢国宾提出疑问："那要采取什么方法发动群众呢？我们又不能公开去说。"组织委员谢兴来说："可以采取逐个串联的方法。"大家觉得这方法可行，于是纷纷建言献策，确定具体办法：首先由到会者分头去宣传和发动本村群众。同时告诉群众，当保长开会要派人时，大家假意应承和报名，待到要出发时便找不同的理由拖延，没有理由拖的，就顺势躲起来，躲不了的便上山回避，巧妙抵制筑碉派工。

群众得到这个消息，都非常振奋，觉得自己有了主心骨，于是全乡积极响应，私下互相鼓励，随机应变抵制派工修筑碉堡。这次的反抗斗争收到了实效，取得了胜利，回辛极少有群众去为国民党军修筑碉堡，更没有人为修筑堡垒捐款。

此次与敌斗争的成功给了回辛党支部极大鼓舞。1935年2月的一天晚上，党支部再次召集党团员代表召开秘密会议，讨论如何进一步开展革命宣传活动，激发更广大群众对敌斗争。会议一结束，他们先分头完成各自任务，备好了白纸、笔墨、糊浆等，然后又回到秘密集会地书写宣传单。为了不让敌人辨出笔迹，书记让大家都用左手书写标语，标语内容为"反对白军进攻广昌""打倒蒋介石""打倒土豪劣绅""拥护中国共产党"……他们整整写了一个晚上，写好了很多很多纸张大小不一的标语传单。第二天深夜，他们将这些标语张贴到小港、青寿、关帝庙、鸬鹚等地的村口和茶亭上。更多的群众看到了标语，看到了党组织，看到了希望。

在党支部的带领下，回辛的革命群众与敌人斗智斗勇，顽强斗争，沉重地打击了国民党反动势力。在极其艰苦的环境中，刘尊爵、李满仔两位支部书记积劳成疾，于1935年底先后病逝。谢兴来被国民党逮捕后遭残忍杀害。

在艰苦卓绝的革命岁月里，刘尊爵、李满仔、谢兴来等共产党人始终以忠于革命，忠于党，至死保存着乡苏政府的文件、印信，珍藏党证、红旗、红票、公债券等革命文献和物品，一心盼望红军早日回来。这种忠贞不渝的革命信念和不屈不挠的斗争精神，与山河同在，与日月同辉！

（杨菊秀）

44 忠贞不渝饶细添

饶细添，1899 年生于广昌县甘竹龙溪。他从小机智灵敏、勇敢仗义。谁家小孩被伙伴欺负，只要他碰见就会挺身而出。他上了五年半私塾，15 岁那年父亲重病卧床，作为家中长子的细添不得不辍学，挑起家庭重担。随着年龄的增长，他愈加成熟与老道，除了有文化能写能算会说外，更主要的是他一身正气，爱憎分明，办事公道，因此逐渐成为龙溪村的"哇事人"，备受尊重和钦佩。

1929 年底，同村的饶福林受南丰洽村共产党组织派遣，回到甘竹家乡动员群众团结起来闹革命。饶福林回到饶家堡找的第一个人就是饶细添，他对饶细添说："我们从小一起长大，互相知根知底。我相信你是一个支持革命、能主持正义的'自己人'……"饶福林彻夜推心置腹的一番革命道理，使饶细添如醍醐灌顶，豁然开朗。饶细添决心与福林兄一起并肩战斗，将革命烈火首先在龙溪大地上点燃。

1930 年 2 月，饶细添成为龙溪乡第一批党员中的一员，他积极协助饶福林成立中共龙溪乡支部委员会。在他俩的共同努力下，龙溪乡相继建立起革命委员会、农民协会、赤卫队和少年先锋队等组织。这年冬天，龙溪乡苏维埃政府成立，饶细添被选为乡苏主席。从此，饶细添更加尽职尽责，夜以继日地工作。打土豪、分田地、筹钱款，购买红军所急需物品，支援红军开展反"围剿"。他的妻子正怀着身孕，

甘竹龙溪饶家堡战斗遗址

非常需要亲人尤其是丈夫在身边照看，可饶细添为了工作，昼不见其踪影，夜不见其归宿，家里的大小事、轻重活全得由妻子来做，挑水、劈柴、做饭、侍候家里老小，过度的劳累，使得他妻子胎动早产。由于他工作太忙，无法悉心照顾妻儿，只好请求年迈的母亲来帮忙。早产婴儿因营养不良，刚满一个月就夭折了。饶细添一边强忍悲痛，一边继续革命工作。

1931年5月底，饶细添率领乡赤卫队20多人投入毛泽东、朱德指挥的攻打广昌县城的"广昌战斗"。他以身作则，冲锋在前，帮助红军送弹药、护伤员、抬担架，干劲冲天。战斗中一颗子弹击中他的大腿。他站不能站，走不能走，只好回家养伤。他知道枪伤三月半载好不了，为了不耽误乡苏维埃政府的工作，他主动辞职，让贤本村饶练键接任龙溪乡苏主席。他让贤后依然惦记着乡苏工作，而且尽心尽力协助新任乡苏主席开展各项工作。伤情稍好时，他就一瘸一拐地帮助乡苏政府组织妇女打草鞋，动员青年积极参加红军，帮助红军筹集药品、食盐、粮食等短缺物资。始终以一个共产党员的标准严格要求自己。

1934年10月，中央红军主力北上长征后，国民党反动派重新占领广昌，随即开展"秋后算账"和"反攻倒算"。他们对所有参加了中国共产党和苏维埃的革命工作人员开展调查登记，然后对为首和有名气的革命人士或明抓或暗杀，整个广昌笼罩在白色恐怖之中。村伪保长多次到饶细添家做"工作"，叫他主动"投案自首"，交代问题，争取国民党政府的"宽大处理"，说这样不仅能保住性命，到时或许能弄个副保长或甲长当当。饶细添不为所动，他认为自己生是共产党的人，死是共产党的鬼，绝不背叛投敌。国民党政府见软的不行就决定来硬的，但又考虑到饶细添在龙溪的威望，害怕明火执仗地捆绑或者枪杀，会激起民愤，于是采取了另一套阴谋恶毒手段。一天，饶细添挑着两只小谷箩假装做点收购明笋的小生意，想去福建建宁了解革命形势。谁知，国民党政府派了两个特务一路尾随，伺机暗杀。当他行至林竹茂密、地势偏僻的小山区（地名叫"窝肚"）时，两个特务乘其不备，拦腰抱住饶细添，并将匕首刺进了饶细添的胸膛，饶细添倒在了血泊中……

饶细添牺牲时，年仅35岁。

（饶明志）

45 苏区好干部杜亮

苏区时期，在广昌县长桥区株市乡有一名好党员、好干部，他名字叫杜亮。他始终坚定革命信念，秉承着一心为民、清正廉洁、艰苦奋斗的初心。

1934 年初，中央苏区政府财政极度困难。为了减轻苏区政府负担，支援革命战争，中央机关报《红色中华》发出倡议：家里分了田的政府工作人员自备一个月伙食；家里没有分田的工作人员，如果家里有粮的也可以自备伙食。广昌县苏响应中央倡议，号召各区乡苏干部积极捐粮献米。消息发布后，株市乡苏主席杜亮马上叫家人捐献了一个月的伙食费。他不仅带头响应号召，还引导其他党员、干部捐钱捐物。一天，他召集全乡党员和干部到乡里开会。会上，他神情严峻地说："我们都是党员、干部，在党旗下宣过誓，吃苦在前，享受在后，冲锋在前，退却在后，现在是革命需要我们牺牲个人利益的时候了……"在他的鼓动下，党员、干部争先恐后，主动认捐。在他的带动下，不仅党团员踊跃捐粮献米，普通群众也纷纷解囊。

1934 年 9 月，红军撤出广昌后，国民党先后在各地建立了"联保办事处"、"铲共义勇队"、"清乡委员会"、"善后委员会"等专门机构，实行了烧光、抢光、杀光的血腥政策和保甲连坐措施，在广昌苏区捕杀革命干部与红军家属。留下坚持斗争的干部群众，在当地地下党组织的统一安排下，躲到了深山的山洞里。在这期间，老接头户为送粮送生活用品送情报，村妇女会王婶负责煮好饭菜，用竹筒装好假装挑柴，上山送到山洞去。饭菜都是农家平时吃的饭，有时是焖饭，有时煮稀饭，菜也是自己种的青菜、芋头或野菜、竹笋，生活很是艰苦，乡苏干部在这隐蔽的地方坚持地下革命活动。

1935 年 9 月中旬，根据上级指示，杜亮带领 6 名短枪队员应约到镇上购买一批枪支，以充实游击队装备，结果被叛徒张艺出卖。短枪队与国民党保安团发生激战，杜亮不幸受伤，与其他队员走散了。杜亮边打边撤，当经过一条小溪时，不慎踩偏滑落水中，本想回驻地更换衣衫，在起身时发现岸边草丛中有动静，他明白有人跟踪他，为了不暴露战友驻地，为了保护革命的有生力量，杜亮没有回山洞驻地，而是原路返回镇上，在途中他被敌人抓住。

杜亮被捕后，受尽严刑拷打，木棍都打断了几根，但他仍坚贞不屈，严守党的秘密。几天后的清晨，牢门“哐啷”一声被打开，几个神色凶恶、满脸杀气的敌人来到了杜亮面前，吼叫着：“走！马上跟我们走！”杜亮心里明白了。他从容地理了理衣服、头发，然后昂首阔步，走出了牢门。杜亮被押到了刑场，看到四周挤满了群众，他慷慨激昂地向群众宣传革命道理，告诉群众说：“我们的事业是正义的，胜利终究属于我们，红军一定会回来，共产党万岁！”敌人慌了，竟从地上拾起石头，塞进他的嘴里；又用皮带勒住了他的脸颊，鲜血从他的嘴里流了出来。最后杜亮被敌人破肚挖心，壮烈牺牲。目睹敌人的残暴行为，在场的群众都流下了悲愤的眼泪。

杜亮用自己的一腔热血，在广昌苏区革命斗争史册上写下了光辉的一页，他永远活在人民的心中！

（赖其茹）

第七编

难忘的红色记忆

46 威名远扬的北坑游击队

苏区时期，在武夷山下的广昌大株山区，活跃着一支能征善战的地方游击队。这支游击队在北坑乡党支部书记吴盛发的带领下，打土豪、分田地，捍卫红色家园，配合红军作战，成为一支威名远扬的红色武装，它就是北坑游击队。

有关这支游击队的故事，还得从头讲起。

早在1929年春，毛委员率领红四军第一次来到广昌苦竹，并召开了贫苦农民座谈会，宣传革命道理，播撒革命火种，激发了苦竹劳苦大众的革命热情，他们打土豪、搞武装、建政权，革命的消息，像春风一样很快就吹遍了广昌大地，也吹到了这个山旮旯里的北坑，唤醒了北坑的贫苦农民。不久后，北坑村以吴厚宝为首的30多个贫苦青壮年，也学着苦竹农民运动的样子，打了土豪唐老五，斗了欺压百姓的劣绅唐赞虞，并抄了他们的家，把所得的财物分给了村里的贫苦百姓。

怎料，大株大刀会和广昌靖卫团相互勾结，倾巢出动，意图对吴厚宝等革命群众进行疯狂的报复。吴厚宝闻讯，只好拉起这支队伍隐藏在武夷山区，转入地下活动。

1931年农历正月元宵节中午，北坑村里来了一支红军小分队，于是全村热闹起来了。

此时红军刚刚胜利粉碎了国民党军对中央苏区的第一次"围剿"，

为了扩大革命根据地，红军遵照毛委员的指示，主力部队从宁都、乐安等地出发，经南丰到达广昌、石城一带开展群众工作。当时，驻扎在长桥的红十二师派出一支红军小分队开进北坑，他们30来人，由一位姓李的团政委为领队。

红军小分队的到来，给村里增添了节日的气氛。家家户户悬灯挂彩，鞭炮不断，大家都争着用当地特有的大禾米黄糍粑年糕和过年的花生、炒米糕等果子慰劳红军。年轻人还在村前的墩上，跳起了多年未跳的秆龙灯。村民们高兴地说，今年的灯节比大年初一还更热闹。

当天晚上，李政委召集刚从山里回来的吴厚宝和王才标等人，兴奋地告诉他们："目前，广昌各地都是红军，毛委员派萧克师长率领我们来到这里，是帮助地方建立革命武装，扩大革命根据地。因此，从今之后，大家就可以挺直腰杆、挽起袖子大干了。"几个年轻人听了李政委的话，兴奋地说："毛委员还能想到我们山里人，真带劲！"

第二天，李政委把同来的战士分成几个工作小组，让他们分别进驻附近的村子里，开展做发动群众闹革命的宣传工作。他自己则把当地造反的贫苦农民召集起来，组织他们开会、学习、讨论，给他们讲革命道理。同时又把他们编成游击队，分成三个班，合为一个排，由表现积极的王才标任排长。后来，李政委向大家传达毛委员关于开展游击战的指示，并指派红军战士对游击队员进行军事训练，教导游击队怎样打埋伏、怎样包围敌人、怎样钻进大山与敌人兜圈子等游击战术。在红军的指导和训练下，北坑游击队的军事素养和作战能力有了很大的提高。

经过多次斗争的考验，中共大株区委在北坑发展了一批党员，把思想过硬、工作积极、军事素质优秀的吴盛发、吴厚宝、王才标等一批游击队的骨干，吸纳为中共党员，并建立了中共北坑支部。从此，北坑游击队在党的领导下，出色地完成党组织交办的各项工作任务。

北坑游击队曾经战斗过的武夷山大株山区（赖广生摄影）

1931年4月，蒋介石向中央苏区发动第二次大"围剿"。红军主力暂时退出广昌，前往吉安一带打破敌人的"围剿"。北坑游击队为了保存力量，也把队伍开进武夷山区，开展游击斗争。

5月下旬，毛委员和朱军长率领主力红军和广昌县城周边的地方武装，攻克了广昌城，取得了第二次反"围剿"以来的第四仗的重大胜利。就在红军打下广昌城的第二天，北坑游击队走出深山，回到村里，他们和区、乡党政部门一起，领导乡亲们一起开展打土豪、分田地斗争，保卫胜

利果实。

7月11日，毛泽东、朱德率领红军总部100余人由建宁桂阳途经尖峰，准备回师瑞金、兴国。红军行进到尖峰区域时，被敌军许克祥的先头部队发现，随即敌人派出600余人紧追不舍。在这关键时刻，在当地党组织的调动下，北坑游击队联合邻近的尖峰源头、双湖两地的游击队，成功地阻击了尾随红军的追兵，并把敌军引入深山绝壁之境，从而保卫了红军总部的安全。红军脱险后，当日到达塘坊坝上村宿营。事后，北坑等三支游击队受到当时党组织和苏维埃政府的表扬。

红军回师兴国后，北坑游击队遵照上级的指示，留在原地继续开展游击斗争。他们英勇作战，不断打击扰乱"围剿"红军的敌人，北坑游击队的名气在广昌乃至闽赣边界地区越来越大。

农历七月二十三日，是地方传统的张王菩萨生日，大株的敌守望队队长谢清庭邀集当地土豪劣绅，准备在大株街上演戏禳会、迎神祈福，一方面庆贺张王爷生日，另一方面利用此时人多热闹的机会聚赌抽头。广昌县靖卫团团总吴文荪也派了十几个团丁赶到大株，实施抽税、包赌抽头，同时意图打探这一带游击队的活动情况。

北坑游击队了解到这些敌情后，认为这是消灭守望队、打击靖卫团的绝佳时间，于是与活跃在闽赣边界的游击大队联络，决定两队协同作战，狠狠打击敌人。

当天清早，北坑游击队和闽赣边界游击大队分别从山里出发，快速地来到大株街附近的一片密林里隐蔽。至上午十点钟，游击队分两路发起进攻：闽赣边界游击大队从正面突击，直冲大株街上；北坑游击队从街后进攻，包抄敌人。

　　进街的游击队枪声一响，敌人吓得作鸟兽散。守望队队长谢清庭仓皇地往街后的山头逃窜。此时，北坑游击队已经抢先占领了这个高地，游击队员刘德文一枪打中了谢清庭的脑袋，谢清庭当即毙命。闽赣边界游击大队在政委谢汗元的带领下，向敌人发起冲杀，打死打伤敌人十几个。在场的守望队员和靖卫团团丁及土豪劣绅吓得全都像筛糠一样地发抖，连路都走不动，一个个钻到赌桌下面、暗水沟里，被游击队员们一个个拖了出来，用绳子绑了串为一队，游街示众。

　　靖卫团团总吴文荪听到这个消息后，惶惶不可终日，躲在县城不敢出去，生怕一不小心就碰上北坑游击队那样的队伍。

　　从此，在广昌各地，北坑游击队的名气更大了，许多地方的群众都学着北坑游击队的样子，组织起来，拿起武器投入反抗反动势力的战斗。在北坑游击队的影响下，广昌红色地方武装不断壮大，红色政权得到进一步巩固。

（魏叶国）

47 战斗在白色恐怖中的赤水游击队

1934 年 9 月中央红军撤离广昌县境后，国民党反动派在广昌县大肆捕杀共产党人和苏区干部、革命群众，到处笼罩着白色恐怖。

在赤水镇河边，有块大草坪，当地人取名为"竹坝"，是传统的木竹交易市场，当地人逢圩便在这里买卖木竹。

这天正是个圩日，竹坝内人来人往，甚是热闹。一个身材粗壮、穿着粗布衣衫的中年人，时而看看竹料，时而问问竹价。休息时他蹲在架毛竹的树下抽着旱烟，一双眼睛却审视着每个进入市场的人。

过了一会儿，他咬着竹烟斗，起身向一个人迎面走去，边抽烟边轻声地问那个人："现在有几个了？"

那人没回他的话，只是伸出三个手指就走了。

不久，又有一个人溜达到了他的身边，悄悄对他说："现在联系到7 个人了。"接着便一个一个介绍，最后塞了张纸给他："这是名单。"

这个中年人叫李辉运，是原赤水区少共组织部长。红军撤离后藏身在深山里面，每逢赤水圩日便混在赶集的人群里来到镇上集市，联络老苏区的党员和干部。他还常常昼伏夜出，积极联络原苏区革命骨干，密商如何寻找革命同志、组织游击队上山等。

到 1934 年的冬天，他陆续联络了 30 多人，组建了赤水游击队。

李辉运率领游击队，在赤水与尖峰交界一带山区活动。

水彩画《赤水游击队与反动武装靖卫团激战》（广昌高虎脑红色展馆供图）

一天，李辉运得知敌靖卫团一个班正在营前村搜刮民财、掳人鸡鸭，便带领战士们埋伏在离村口不远的路两边灌木丛中。他告诉队员们说："敌人有八九个人，有五六支枪，子弹也足。我们虽然三十多人，但只有三四支枪，子弹也不多，硬打可能不行。我们等敌人到了跟前时，打他个袭击，枪响为号，大家同时冲出去，缴了他们的枪。"不久，敌人出村了，扛着枪、抽着烟，稀稀拉拉地走着，有两人各挑一担抢来的鸡鸭。

敌人越走越近，全部进入了伏击区，李辉运举枪瞄准走在最前面的敌人"叭"的一枪打过去，同时大喊一声"缴枪不杀"，紧接着带领队员冲出路面。

敌人听见枪响，一时蒙了。有几个反应快的刚要端枪，刹那间，游击队员一跃而来，迅速抓住了他们的手臂，明晃晃的大刀随即架到

了敌人的脖子上，敌人只好乖乖地缴枪投降。游击队员们随后回到村庄里，把敌人搜刮的钱财和鸡鸭还给了群众。

在赤水杨坊的柿子岭路口，有一个敌人的碉堡，里面有一个排的正规军驻守。这里的敌人有一个习惯，每逢赤水当圩都会去集市上抢东西，只有一个班留守，而且门口只有一个哨。赤水游击队决定端掉这个碉堡。

这天正值圩日，游击队派出两名队员，一个扮成送菜的，一个扮成靖卫团的押送人员，其他队员三三两两地悄悄扮作赶集的人来到碉堡周边。当送菜的队员进了碉堡后，看到敌人正围在一起打牌，趁他们不注意时从菜箕底下掏出个手榴弹扔过去便纵身跳出大门，站在大门外的队员迅速解决了哨兵。这时，外面的其他队员快速冲进里面，把没被炸死的敌人全部消灭。当赶集的敌人得到消息返回来时，游击队早已撤到山里去了。这一战，游击队缴获了十多支枪和许多弹药。

游击队的活动，让敌人无比头疼却又一时无可奈何，于是便心生一计，在游击队经常出没的地方，秘密收买了一些与队员们熟悉，表面上关系很好，其实心中仇恨革命的人，为他们提供情报。谢济生便是其中的一个。

转眼到了 1936 年的 1 月 23 日。这天是农历大年三十，天上下着鹅毛大雪，游击队员们隐蔽在赤水天咀村山上的一幢破屋里，饥寒交迫。这天，谢济生走上山，来到游击队的驻地。

一进门，谢济生就满脸笑容地与大家打招呼："各位战士好啊，今日是大年日，恭喜大家来年红红火火，顺顺利利！"

与大家闲聊了几句后，他便对李辉运说："李队长，大家一年到头在山里，不容易，明天是大年初一，大家一起到我家去做客，喝几盅酒驱驱寒，好么？"

"不行。敌人天天都盯着我们，万一走漏了消息，遭了毒手，就不得了。谢谢你的好意！"李辉运一口回绝道。

谢济生说："李队长你太小心了。我们过年，敌人也在过年。"又说："我听说街上的靖卫团里本地人都回家了，不是本地的也是喝酒吃果子，大家都在过年。"

战士们一个个衣衫单薄，饿得面黄肌瘦，眼神里充满渴望，再一想，谢济生家比较偏僻，单家独户，离游击队驻地也不远。队员们每人也有武器，一有情况也能撤，去就去吧。最后对谢济生说："那好吧，明天午饭前，我们下山来。"

谢济生得到李队长的答复后，径自下山联系上靖卫团。

第二天正午时分，游击队来到了山下，谢济生设宴招待，席中大家都渐渐放松了警惕，而危险却在逐步靠近。游击队还没来之前，靖卫团就早早埋伏在谢济生家附近，酒宴开始时，靖卫团就悄悄把谢济生家包围了。宴至一半，只听见"嘭"的一声，大门被人踢开，一群荷枪实弹的靖卫团冲了进来。

带队的靖卫团头子拿着驳壳枪，指着游击队员说："你们被包围了，今天总算是捉到了！"

李辉运一看，已经突围不了，就高声地说："捉到了又如何？共产党和红军一定会打回来，你们的日子长不了！大家不要怕……"

恼羞成怒的靖卫团头子还未等李辉运说完，便"叭叭叭"朝他连开数枪，李辉运中弹受伤。

李辉运和游击队员毫无惧色，立即举枪抵抗，无奈敌人人数更多，并且有备而来，游击队员一个个倒在了敌人的枪口下……这些革命志士在白色恐怖中，忠贞不屈，视死如归，为了中华民族的解放事业，献出了宝贵的生命。

（谢街生）

48 广赤基干游击队夜袭保安团

　　1934 年 9 月，红军撤离广昌后，有一支在地方党组织领导下的游击队，活跃在闽赣边界的武夷山脉一带。这支游击队由原广昌县委、县苏及部分区、乡干部组成，编为前进游击队。1934 年 12 月，这支游击队奉上级指示更名为广赤基干游击队，队长是王青山，在他的带领下，广赤基干游击队在广昌、石城和福建建宁、宁化等地域，坚持对敌斗争。

　　1935 年春，广赤基干游击队在闽赣边区游击司令部的领导下，在木兰消灭了杨溪黄道谋的大刀会，活捉了三股大刀会的头目，又突袭了盘踞在尖峰区的保安团，把他们打得四处逃窜，不得不躲回广昌城里。那些为非作歹的敌人被吓得惶惶不可终日，极大地鼓舞了身处白色恐怖中的人民群众。

　　1935 年 5 月，广赤基干游击队从石城的木兰、高田等地辗转来到闽赣边界的中畲、安远司一带活动。有一天，侦查员回来报告说，在距离安远司 100 华里的白莲街有一股保安团的匪徒，他们晚上龟缩在白莲街河对面的庙里，白天却四处抢劫，害得山区群众苦不堪言。

　　游击队队长王青山听完侦查员的报告，决定歼灭这股匪徒，夺回白莲街，为当地群众报仇雪恨。

　　这天，经过一整夜的急行军，天微微亮时，王队长带着游击队员们来到距离白莲街不远的一片山林里潜伏了下来，他们打算等到深夜

广赤游击队曾经战斗过的闽赣边界山区（赖广生摄影）

再袭击保安团的驻地。

晚上 11 点钟，游击队员们悄悄地走进白莲街。黑夜中伸手不见五指，山村的街上早已关门闭户，一点声息都没有。王队长命令队员们迅速隐蔽好，准备接应。由他带领十几个队员渡河偷袭驻扎在河对岸庙里的敌人。

渡过小河以后，十多个游击队员都埋伏在河边听候命令。不到 20 分钟，在静静的黑夜里，游击队员们清楚地听到了敌哨兵换岗问答的口令声。约半个小时后，王队长命令一名游击队员开始行动，这个队员悄悄地绕到敌人背后之后，故意放重脚步大摇大摆地向敌哨兵走去。

"口令？"敌哨兵喝问，并把枪栓拉得哗啦作响。

"杀敌！"这位队员依照刚才听到哨兵换岗的口令对话，故意拖腔拉调地回答，并且快步地走向敌人。

"干什么的？"敌哨兵又追问一句。

"查哨的。"

就在这一问一答中，这位游击队员已经到了敌哨兵的跟前，他快速地抓住敌哨兵的衣领，一手用短枪对准他的脑袋小声地说道："作声就杀了你！"敌哨兵马上就丢掉枪，双手高举，跪在地上求饶。这位游击队员又迅速地把哨兵押到河边，交给王队长审问。

王队长从哨兵口中得知敌人的概况后，立即带领游击队员摸到了敌人驻扎的古庙旁边。他们正在寻找敌人的第二岗哨，不料被敌人的暗哨发现了，哨兵还突然喊起来："什么人？"此时，回避已经来不及了，王队长果断朝敌哨兵开枪，哨兵应声倒下，接着王队长指挥大家迅速冲进大门，朝庙里扔进几颗手榴弹……听到枪声和爆炸声，隐蔽在白莲街的游击队员们，赶紧冲过小河投入战斗。那些正在庙里酣睡的敌人，被这突如其来的枪声和爆炸声惊醒，有的在睡梦中被炸死了，有的被炸伤了，倒在地上鬼哭狼嚎地喊痛。更多的是被炸蒙了，以为是来了红军的大部队，吓得跪在地上筛糠式地发抖，并举起双手投降，嘴里还喃喃地说道："红军老爷饶命、饶命！"

而此时，在庙里厢房睡觉的保安团长被爆炸声惊醒后，光着膀子、拖着他那披头散发的老婆就往庙宇的后门夺路逃命。还有几个较清醒的保安团丁也紧随其后，乘着爆炸后的烟雾，连滚带爬地挤在门口也想跟着出后门。在庙里弥漫的硝烟中，游击队员们发现有人要逃跑，立即冲了上去，朝逃跑的敌人射击。黑夜中，几个身影纷纷倒地，一个敌人也没有逃脱。

战斗结束时，清点了现场，共打死打伤敌人20多名，缴枪40余支，其余40多个保安团匪徒都做了俘虏。作恶多端的保安团，就这样被广赤游击队歼灭了。

第二天，太阳刚刚升起的时候，王队长带领游击队员们举着红旗，雄赳赳地开进了白莲街。群众都站在街道两旁鼓掌欢迎，主动给游击队员们送茶送饭。当天，游击队员还带领群众捣毁了白莲街清乡委员会、联保办事处等反动组织，并开展打土豪、筹款子的斗争，把获得的财物分给贫苦农民。对那些红军撤离后大肆进行反攻倒算的土豪劣绅，进行了严厉的惩处。广赤基干游击队的对敌斗争，极大地鼓舞了闽赣边区群众在艰苦处境中的革命斗志。

为了执行新的任务，第二天，广赤基干游击队告别了白莲街的乡亲们，又踏上了新的征途。

（魏叶国）

49 勇斗刀匪

1931 年开始，驿前兴起反动组织"大刀会"，他们白天设坛练武，宣扬骗术，蛊惑群众;晚上则四处出动，搜取苏区情报，袭击苏区政府，捕杀革命群众。匪徒们无恶不作，为害周边，老百姓深恶痛绝。

1933 年 5 月 16 日清晨，盘踞在中寺的大刀会头子黄福生纠集匪徒，趁赤水游击队开往杨溪乡塘角村剿匪，赤水区苏维埃政府防守虚空之际，袭击了区苏。

到了赤水，黄福生带着数十名亡命之徒，操着家伙，很快包围了赤水区苏维埃政府。当时的区苏维埃政府设在现赤水横街的张家祠堂。区苏内只留下四人，即宣传干部李远振、文书吴泰富、保卫干部温香伦、特派员小谢。这四个人当中，只有李远振配了一支大号驳壳枪，其他人都没有武器。匪徒来势汹汹，他们意识到形势非常严峻，赶紧关上了大门。

匪徒们被挡在门外，使劲砸门，厚实的大门被砸得"嘭嘭"直响。匪徒们找来一根圆木，用力撞击大门，一边撞门一边骂骂咧咧。其中一个土匪高声喊道："你们出来吧！我们知道你们人少，打不过我们。带枪的都去杨溪寻找我们的同伴了。"另一个土匪附和道："快出来投降吧！你们的主席黄辉山已经投靠我们了。"说完一群土匪在门外幸灾乐祸地叫嚣："你们也出来投降吧，也许我们还会手下留情。不然你们

广昌赤水区苏维埃政府驻地旧址——张家祠堂（赖广生摄影）

就等死吧！哈哈哈……"

吴泰富朝着其他三位同志低声说："区苏主席黄辉山叛变了，很可能是他出卖的情报，怪不得他们来得这么及时！"其他三人也小声地骂道："贪生怕死的叛徒！没早点把他清除出革命队伍！"

眼看着门闩快支撑不住了，吴泰富催促其他同志说："快，来不及了！你们赶紧撤退，我留下来处理好文件，党的机密文件不能落到匪徒手上。"李远振接着说："你们各自警惕，保护好自己，我去把他们引开！"他袖子一捋，掏出那支大号驳壳枪，转身朝后面围墙冲去。围墙太高，他迅速从里面搬出来一张大方桌，靠着围墙，爬了上去。围墙外面早已站着一排匪徒，李远振瞄准匪徒，开枪射击，几乎弹无虚发，瞬间，打倒了六个匪徒。

"不能再恋战了，得掩护其他同志撤离。"李远振毫不犹豫地从高高的围墙上跳了下去。当他刚站稳脚跟，一伙匪徒已经将他团团围住。李远振毫无畏惧，眼见一个匪徒冲上来想夺枪，他抡起手枪往那个匪徒头上狠力砸下去，那匪徒"啊——"的一声，抱头倒地。包围圈越缩越小，他举起驳壳枪连扳几下，枪没有反应。他知道枪膛里没有子弹了。"决不能把武器留给匪徒！"他决然把跟随他多年的心爱之物，投入到面前的河水之中。看到李远振没有了武器，穷凶极恶的匪徒们用梭镖一齐往李远振身上刺去。鲜血四溅，李远振倒在了血泊之中，牺牲时，年仅 30 岁。

屋内的吴泰富意识到外面的情况不妙，他一面紧张地清理着文件，一面急切地对身边的两位同志说："匪徒们人多势众，又是有备而来，远振闯出去定是凶多吉少……匪徒们马上就要进来了。你们赶紧分头隐蔽起来。"他们望着吴泰富担心地说："泰富，那你怎么办？"吴泰富低沉又非常严肃地命令道："你们不要管我，快去，来不及了！"好在张家祠堂很大很深，房间连着房间，他们两人很快就隐藏起来了，后来又趁机会撤离了区苏。

待他们走后，吴泰富轻轻地吐了一口气，因为他已经把个人生死置之度外了，当务之急，就是保守党的秘密，不让文件落入敌手。他迅速把文件整理好，有的点火烧毁，有的藏匿到安全的地方。

门外，叫骂声、撞击声，愈来愈烈，震耳欲聋。吴泰富反而更加镇定了，任凭外面匪徒们如何猖獗地叫嚷，他始终有条不紊地处理文件。刚把最后一份文件处理完毕，大门就被匪徒们撞开了。

吴泰富急忙隐蔽到柴草房里。匪徒们蜂拥而入，四处搜索，很快搜到了吴泰富。匪徒头子把刀架在他的脖子上，恶狠狠地说："你把知道的情况说出来，不然杀了你！"吴泰富轻蔑地瞪了一下匪徒，随后闭上眼睛。匪徒们像凶残的恶狗,恶狠狠地叫道:"杀了他! 杀了他! "……吴泰富的生命永远定格在了 29 岁。

　　李远振、吴泰富,临危不屈、舍命担当,为了捍卫红色政权,保护党的机密,誓死守护文件的英雄壮举,感人至深。他们的信念永恒,他们的精神永存!

　　　　　　　　　　　　　　　　　　　　　　　　　(杨菊秀)

50 大刀会覆灭记

面对熊熊燃起的革命火焰，驿前的豪绅地主惶惶不可终日，1931年11月，他们聚在一起，图谋建立反动武装。他们在福建省宁化县安远乡物色到余某为大刀会点传师，又在本地网罗了地主、富农、惯匪等60余人为骨干，建立了反动组织大刀会。

大刀会设坛于驿前圩白家祠。点传师开坛"请神"，画符练武，用"吃了神符，刀枪不入"的鬼话蒙骗会徒。匪徒外出骚扰时，头戴"金钟罩"，身穿八卦衣，腰系红肚兜，嘴贴神符，过桥、过缺口，都要吞服一道黄表符。

大刀会一成立，广昌各地地主豪绅纷纷投靠大刀会，入坛"学法"，随后自立门户，各自招兵买马。这些大刀会头领用金钱女色收买流氓地痞、惯匪和赌棍，利用封建宗法关系，拉拢一些不明真相的群众，甚至以暴力威胁，逼良为匪，疯狂扩充势力。到1932年春，贯桥、杨溪、白水、尖峰、大株、塘坊一带，共有大刀会21股，有900余匪徒。他们啸聚山林，或单独行动，或伙同保安团一起，经常流窜于头陂、新安、长桥、水南等地，袭击区乡苏维埃政府，残杀革命干部群众。在1932年上半年匪势最猖獗时，仅据当时中寺区石良乡不完全统计，当地被大刀会匪徒杀害的有44人，其中游击队员38名，干部群众6名，并且所到之处，百姓财物被洗劫一空。

"刀匪不灭，县无宁日。"为了巩固苏维埃政权，保障土地革命的顺利进行和人民生命财产安全，红军及县苏军事部决定对大刀会实行武装清剿。1932年2月13日，江西红军独立第四师第十一团首次攻打驿前大刀会，因地形不熟，牺牲战士40名。2月18日，驿前大刀会集中匪徒500余人，偷袭白水，因敌众我寡，80多名红军战士壮烈牺牲。出师不利，两次血的教训，使县军事部领导们深刻认识到，大刀会虽是乌合之众，却不可轻敌。于是，更加慎重地研究歼敌策略。20日，江西红军独立第四师十四团调集各区游击队统一指挥，乘大刀会过元宵节之际，兵分三路，直捣驿前大刀会巢穴，激战两小时，毙敌200余人，活捉30人。

大刀会残匪分成小股，继续啸聚山林，伺机作恶，宁都、广昌、石城三县边界政区深受其害。4月，宁、广、石三县在中寺设立"宁广石指挥部"，指挥部组织了一支装备较为精良的直属分队，并调来部分游击队员，共有180余人，作为清剿的常备兵力。4月，在石良设伏围歼，毙匪70余人；6月，在马鞍石附近设伏，全歼匪徒100余人；9月，全歼大株的80余名大刀会匪徒；1933年2月，进剿尖峰麻溪大刀会，全歼匪徒22人；12月，大刀会匪首带匪众400余人，偷袭中寺区西港下，我驻军沉着应战，以少胜多，歼匪100余人。经过一系列打击，大刀会终于解体，剩下的匪徒到处流窜逃命。

1933年12月22日，中共广昌中心县委发出《为告大刀会弟兄们几段话》的公开信，交待党的政策，打消一般匪徒的顾虑，号召他们：只要向政府投降，既往不咎；苏维埃政府"只杀豪绅地主、大刀会的头子，不杀被压迫、被欺骗入大刀会的弟兄们"。区乡苏维埃及各个群众组织分片包干，做大刀会匪徒家属的思想教育工作，通过他们劝导还在大刀会里的亲人弃暗投明，争取人民的宽大处理。在党的政策感召下，1934年1月，有100多名大刀会匪徒投诚。同月，指挥部再度调集部队，对仍在山区里负隅顽抗的大刀会残匪进行全面清剿，最后的余匪 72 人被清剿。

至此，持续两年多、为害广昌全境的大刀会匪患，终于完全覆灭。

（张明辉）

51 一树梨子的故事

每当盛夏时节，来到源头村时，映入眼帘的是种满村头村尾的梨树，还有梨树上挂满的果实。为什么源头村种有这么多梨树呢？这还要从90多年前的那个夏天讲起。

1931年，正值盛夏酷暑天。家住广昌县尖峰乡源头村石板坑的谢花郎正在地里干活，突然远远地听见村口有动静，抬头望去，只见村子里来了一支队伍，有一百多人，穿着灰色军衣。谢花郎心下一惊，怕又是白军来村里骚扰，赶紧蹲在树丛背后偷瞄。这支队伍身穿灰色军装，扎着腰带，脚穿草鞋，腿上还打着绑带，也不像是白狗子和国民党的民团。他们在村前的大树下休息，一个人都没有进老乡家里。谢花郎心里猜测："不打扰乡亲们，这些人可能是红军吧"。

早听说过红军是穷人自己的队伍，是来帮助穷苦人的。果然这些人与保安团那些凶神恶煞的团丁要钱要粮不一样，他们真的是秋毫无犯。谢花郎想知道他们到底是怎样的一支队伍，他壮着胆子走上前去。只见他们头上戴着用草帽，身上的衣裳都被汗水浸湿了，一个个都很和气，一个战士脸上还带着笑容向他点头。这时已有好几个村民围拢过来，好奇地和战士们攀谈起来。

队伍中间有一个红军个子比较高大，说话举止很有气派，看样子像是个军官，正和另几个红军围成一小圈在商量着什么。

谢花郎认出里面的一个人，是附近北坑堡里的王才标。队伍中还有几个人也看着面熟，讲话是当地口音，并且他们和王才标一样，身上穿的不是军衣，而是和老百姓穿的一样。

只见王才标向大家招手说道："乡亲们哪！这是红军，是咱们穷人的队伍，是替咱们穷人打天下的。战士们走了几十里山路，没吃半点东西，都饿得快走不动了，谁家里能找到点吃的么？"

乡亲们你看着我、我看着你。这时正是青黄不接的季节，普通百姓家都没啥余粮，平时都只是靠点杂粮和野菜填肚子，有一顿没一顿。谢花郎家里也一样，米桶都见了底。可是怎么能叫咱们自己的队伍空着肚子去打仗啊。谢花郎一想，一拍大腿道："嗨！我家地头上有一棵梨树，往年都没见结几个果，今年不知啥原因，一树梨子结得满满当当，估计能摘个两三担。只是现在还没完全成熟，吃还是能吃的，正好给战士们填下肚子。来来来！大家跟我来去摘梨子！"

王才标一听很是高兴，转过身去，和那位个子比较高大、看起来很沉稳的红军说了几句。

之后，那位高个子红军走近谢花郎，拉着他的手说："老表哥，谢谢你，你帮我们解决大问题了。"说着一招手，身后一个小战士立刻解开身边的包袱，拿出里面的铜板递给谢花郎。

"使不得使不得，这都是些还没有完全成熟的梨子，怎么好拿你们的钱，再说你们都是为了咱们穷人受苦受累，这钱我是绝对不能要。"谢花郎连声说道。

"一定要给的，刚才我们营长特意交待了。不拿群众一针一线，这是我们红军的纪律，不然不就跟白狗子一个样了吗。"小战士接着说道。

谢花郎还想推辞，王才标拍拍他的肩膀："好了，莫推来推去了，这是红军的规矩，你就收下吧。"

谢花郎只好答应，转身领着几名小战士往田间走去。到了田间，战士们看见田埂上一棵大梨树上挂满了黄褐色的梨子，便迅速爬上树，很快就把树上的梨子摘完了，足足有两担多。

战士们把梨子挑回村里，然后分给大伙一人两个梨。另一些村民也拿来了一些干粮。战士们吃完东西，稍作休息后，又往前面的新建村开拔了。

红军走后，谢花郎把铜板称了一下，足足有十斤重。谢花郎将这些红军买梨的铜板存放在一只青花瓷大茶壶里面，没舍得动用，一直珍藏到解放后。

红军走后再也没有来源头村，但是一树梨子的故事，后来在源头村就传开了。村民们以后每年都会在屋前屋后种梨树，乡亲们一直在等着自己的子弟兵回来吃梨子。现在，每到梨树成熟的时候，源头村的老人就给村里的孩子讲述一树梨的故事，告诉孩子们，红军曾经到过源头村。

（邹东旺　揭国柱）

红军战士谢鸿彪

　　在苏区时期，参加主力红军的广昌子弟有 15400 余人，苦竹的谢鸿彪就是其中之一。他是参加了二万五千里长征的老红军，并最终迎来了中华人民共和国的成立。

　　1910 年 5 月，谢鸿彪出生在广昌县城一个赤贫的家庭，父母带着他在一个破烂不堪的山神庙里安身（现广昌解放路原五交化公司仓库附近）。母亲长期体弱多病，主要靠父亲打零工来维持生活。8 岁那年，父亲因病去世，彻底断了生活来源，实在无法生存下去，母亲只好带着他投靠到苦竹圩下山庄舅舅家里，帮舅舅家放牛，总算有了落脚地。后来在舅舅的帮助下，搭了两间茅草房，他和母亲才有了一个真正属于自己的家。一晃 10 年过去了，谢鸿彪已长大成人，靠种地和帮别人盖房子挣点

谢鸿彪像（龚晓华供图）

177

收入，但仍然过着吃不饱穿不暖的苦日子。

1929年春节后的一天，谢鸿彪一早就告别母亲，打算前往苦竹圩上找点活干。那天正值圩日，苦竹圩上人来人往，其中一处聚集了一群人，有个人在大声说话。他告诉大家，穷人为什么穷，是因为土地全被富人占了，穷人几乎没有土地，只好帮富人种地，得到的报酬却非常少，要改变这种穷人贫穷、富人富裕的状况，唯一的办法就是穷人自己组织起来同富人斗，分掉他们的土地。谢鸿彪第一次听到这种新奇的话语，感到很惊讶。周边的人也在小声地议论着。早春赶圩的人来得迟散得早，一会儿圩上就没几个人了，谢鸿彪低着头往前走，边走边想，竟然把找活干的正事给忘啦。

晚上，谢鸿彪早早地上了床，心里却想着白天发生的一切，"穷人为什么穷，富人为什么富？"这个问题总在耳边回响，他似乎明白了些什么。

不久，苦竹圩上开始有人到各村作宣传，后来谢鸿彪也跟着他们一起去各村串联。8月，苦竹圩成立了广昌第一个农民协会和第一个党支部。谢鸿彪参加了农会组织，并和农会的群众一起到各村宣传革命道理，号召贫苦农民团结起来闹革命、打土豪、分田地。11月，苦竹圩又成立了革命委员会。在党的领导下，谢鸿彪从此走上了革命道路。1930年，谢鸿彪家分到了土地，他再也不用去外面做长工了，革命的热情和积极性更高了。1931年冬，谢鸿彪被选举为第二任潘田乡苏维埃政府主席。1932年，经区委会书记徐先合介绍，谢鸿彪加入了党组织。不久，谢鸿彪调到大陵区担任少共书记，后又到县优待红军委员会工作。

1933年2月，广昌县委、县苏响应中央号召，在全县范围内开展扩红运动，动员青壮年参加红军。作为区苏干部，谢鸿彪毅然决定带头报名参加红军。不久，驻扎在县城的红军警备司令部组织运动会，运动会有七八个项目，运动会实际上就是参军体检，达到标准，就算正式入伍。通过测试，谢鸿彪正式成为一名红军战士。当天晚上，谢鸿彪回到家里，与 67 岁的老母亲和新婚才几个月的妻子告别。母亲眼泪汪汪地看着他说："儿啊，你现在是公家的人啦，到部队好好干，早去早回哟！"妻子默不作声，自个坐在一旁，很久后才对他说："到部队要注意安全，有空就回来看看我和妈哦。"第二天一早，谢鸿彪踏上了新的革命征途。

入伍以后，谢鸿彪被分配在南广红军独立师，先后在水南、长桥、甘竹一带，攻打国民党靖卫团、围剿"大刀会"。第五次反"围剿"期间，南广红军独立师奉命在宜黄神岗乡党口村一带驻防，阻击国民党军进犯广昌。1934 年 9 月下旬，南广红军独立师奉命从神岗党口南撤向于都集结。经过一夜的急行军，部队途经洽村进入苦竹圩，决定暂时休整一下。自从参军以来，谢鸿彪已经有一年多没回过家。于是，谢鸿彪向部队请了半天假，打算回去看望自己的母亲和妻子。

临近中午时分，谢鸿彪到了下山庄，只见村子里静悄悄的，家里也只有母亲一个人在家，母亲看见他回来，非常高兴，拉着他的手，瞧了一会儿说："哎！比以前瘦了，但更结实了。"母亲还告诉儿子，自从广昌失守后，国民党军到处烧杀抢掠，还强迫周边村子的年轻人全部到青桐村集中，否则就按"通共"论处。村子里的年轻人都躲到山里面去了，谢鸿彪的妻子也躲起来了。当时，谢鸿彪的妻子叫他的母亲一起躲到山里去。母亲说，"你去吧，白狗子不能把一个老太婆怎么样，万一鸿彪伢子回来，找不到我们，他会更焦急哟！谢鸿彪听到这里，禁不住大声地喊道："妈啊！"泪水夺眶而出。接着，谢鸿彪把战斗的事情讲给母亲听，告诉母亲，准备随大部队撤离。母亲得知谢鸿彪马上要追赶部队，连忙说："那先吃点东西，再走不迟。"说完转身进了厨房，煎了四个鸡蛋。看着热腾腾的饭菜，谢鸿彪确实感觉饿了。他拿起筷子，往嘴里扒饭，接着夹起一个鸡蛋，大口地咬起来。母亲坐在一边慈祥地看着他。"妈，你也吃呀！""儿啊，你先吃，妈不饿！"谢鸿彪感觉心里一酸，放下碗筷，扶着母亲坐到饭桌边来，帮母亲盛了一碗饭，接着说道："妈，一起吃，一起吃。"这时，谢鸿彪听到外面有人走动的声音，赶忙对母亲说："妈，来不及了，我得走啦！""这么急呀！那路上注意安全，到部队要听领导的话。"谢鸿彪站起身来，拉着母亲的手，一直走到房子后门口，心里虽然有万般不舍，但也不能停留，只能坚定地迈开脚步走出家门，走了几百米远，转过身来，看见母亲还站在门口，向他挥手。谢鸿彪禁不住眼圈一红，还是径自转身向前走去，再也不敢回头。而这一转身，竟成了与母亲的永别。

后来，谢鸿彪从苦竹到宁都洛口，经兴国在于都集结，跟随红三军团第五师十五团，从此踏上了漫漫长征路。

（谢　斌[*]　揭国柱）

---

[*]　谢斌，谢鸿彪之子。

53 我的红军爷爷廖仲贵

2018 年，电影《浴血广昌》在全国上映。该影片讲述了 1934 年 4 月，红军将士浴血保卫中央苏区北大门——广昌的战斗历史。我怀着十分崇敬和激动的心情观看了这部电影，看着荧幕上的红军，仿佛看到了我的爷爷。因为，我的爷爷廖仲贵，就是一名参加过广昌保卫战、高虎脑战役和二万五千里长征的老红军。

1907 年，爷爷出生在广昌县尖峰乡苦竹坑村的一个贫苦家庭，家里有父母和兄弟两个。爷爷家很穷，父亲母亲在地主家打长工，爷爷和他哥哥很小就给地主家放牛、干杂活，长期受压迫剥削。和其他的穷人家一样，爷爷一家吃不饱穿不暖，住的房子四面漏风，家徒四壁，日子过得非常艰难。因为穷，爷爷读不起书，只能眼巴巴地看着地主家

解放初期的廖仲贵（廖昱蓉供图）

的孩子穿戴整齐走进私塾。

爷爷打小就富有正义感，爱打抱不平，在一群衣衫褴褛、光着脚丫的孩子里面是个孩子王。有一天，爷爷正在放牛，几个穷伢子跑来找爷爷，七嘴八舌地告诉爷爷说细伢子又被地主家的孩子欺负了。细伢子的父亲去世了，家里只有母亲和两个幼小的妹妹，细伢子个子小，经常挨地主家的孩子欺负。爷爷把牛拴好，跟小伙伴们跑回村里。小坏蛋们看见爷爷来了也毫不收敛，爷爷冲上去和他们扭打起来。地主儿子故意用皮鞋狠踩爷爷的光脚丫，踩得爷爷的小脚背皮开肉绽，鲜血直流，然后扬长而去。穷伢子们眼睁睁看着爷爷受伤的脚，无能为力，只能扶着爷爷回家了。晚上，爷爷忍着疼痛问父母：为什么穷人总是受欺负？为什么穷人做牛做马却吃不饱穿不暖？这些问题爷爷既是问父母，更是问自己。

1929年3月，毛泽东来到广昌，亲手点燃广昌土地革命的星星之火，带领红军发动群众打土豪分田地，救济劳苦群众。一时间，广昌的大地上，打倒土豪劣绅、打倒国民党反动派、建立革命政权的斗争开展得如火如荼，地主恶霸的嚣张气焰也被打下去了。此时，爷爷已经长成了一个俊朗青年，对这一切变化，爷爷感到兴奋和好奇，也有些跃跃欲试。

一天，同族的一位堂哥找到爷爷，问他来不来参加游击队，并给爷爷讲了很多革命道理。原来，这位堂哥已经加入游击队了。爷爷早就不想过这种受剥削受压迫的日子，跑回家请求母亲说："妈，我要去参加游击队。"母亲说："伢子，参加游击队就要打仗，随时都会有生命危险，我就你和你哥两个孩子，你叫我怎么舍得啊？"爷爷目光坚定地说："天下的穷人太多了，我要参加游击队闹革命。希望有一天，我们穷人也能有自己的田地，能吃饱穿暖过上好日子。"就这样，爷爷毅然告别家人，在尖峰参加了地方游击队。

到了游击队里，爷爷领到了一把长枪，虽然比较旧，但爷爷视如珍宝，拿着枪擦了又擦。这枪可比小时候的弹弓要过瘾得多！爷爷举起枪闭上一只眼睛模拟射击，堂哥对爷爷说："一颗子弹也不许浪费哦！"两人相视而笑。在游击队里，爷爷得到了更多的启发，深刻认识到穷人只有跟着共产党走才能过上好日子。游击队里纪律严明，斗争目标明确，不拿老百姓一针一线，不占群众半点便宜。在游击队里，爷爷和战士们一起，积极向广大群众宣讲革命道理，发动更多的贫苦农民加入到革命队伍中来。

1930 年，红军部队整编，23 岁的爷爷告别游击队，穿上戎装，正式加入了中国工农红军。穿上红军军装的爷爷兴冲冲从尖峰乡回到苦竹坑村看望父母和哥哥，亲人久别重逢，泪眼婆娑。母亲抚摸着爷爷的军装军帽说："儿啊，这可是你穿过的最好的衣服了。在部队上就不要想家，要多打胜仗，要听从组织上的安排，我们会照顾好自己的，你就不要挂牵了。"爷爷和哥哥相互拥抱，对哥哥说："哥，你从小体质弱，就留在家里照顾爸妈和嫂子吧，父母就交给你了。"短暂停留后，爷爷在父亲母亲和哥嫂的目送中又一次离开了家，回到红军队伍里奔赴新的战斗。之后，爷爷踏上了二万五千里长征。在以后的革命征程中，爷爷历任战士、副班长、班长、排长、连长等职。

新中国成立后，爷爷叶落归根回到广昌。重返苦竹坑村时，乡亲父老纷纷出来相迎，他却没见到父母和哥哥的身影，爷爷这才得知他们早已不在人世。得知噩耗，爷爷伤心得泣不成声，周围的人们无不动容，也跟着擦眼抹泪。回到广昌以后，爷爷先后担任广昌县政府农建科科长、副县长，为广昌的社会主义建设事业作出了很大的贡献。

1964 年，爷爷离休了。本来可以安度晚年，但爷爷革命一辈子，离休了也停不下来。每当县里举办重大的节庆活动时，爷爷就去给大家讲红军的故事，讲长征的故事。爷爷告诉我们，长征是一条漫长的、艰苦卓绝的征途。行军路上缺衣少食，常常只能以野菜充饥，饿得没东西吃的时候还啃过皮带和树皮，终日风餐露宿，历尽艰难险阻。每每讲到动情之处，爷爷便会站起来，挽起裤脚，给我们看他大腿上的两处伤疤。那是他在长征路上枪林弹雨中死里逃生的印记，是他老人家英雄生涯的不朽记录。

小时候，我经常看到爷爷坐在院子里，望着远方，神情凝重，目光如炬，仿佛在思念着遥远的亲人，仿佛在回忆那些战斗过的经历，又仿佛是在想念那些生死与共的战友。

这就是我的爷爷，老红军廖仲贵！

（廖昱蓉[*]）

———————————

[*] 廖昱蓉，廖仲贵孙女。

54 邱顺生智护红军标语

在贯桥村曾家排红三军团指挥部旧址，至今还保留着众多当年书写的红军标语，经初步登记有 60 多条。其中有《中国共产党提出的反帝统一战线的五大纲领》政治宣传栏和"中国工农红军是抗日的先遣队"等宣传标语。为了保护这批红军标语，当年的赤卫队长邱顺生，不顾白色恐怖，与敌斗智斗勇。邱顺生保护红军标语的事迹被公开后，人们纷纷称赞他是红军标语的守护神。

那是 1934 年 8 月底，中央红军完成了在贯桥村的阻击任务，继续向南转移抗击敌人。随后，国民党军占领了贯桥村，随即还乡团、守望队、善后委员会等反动组织也蜂拥而至，在村里大肆搜捕红军家属、苏区干部和进步群众，弄得贯桥村鸡犬不宁。与此同时，国民党军还要求各家各户限时把红军书写的赤色宣传标语全部清除，并规定所有标语必须用水洗净或用刀斧刮削掉，并威胁群众，如有遗留红军标语，轻者将抓去坐牢、罚款，重者将受刑、杀头。就这样，绝大多数的红军标语遭到了人为的毁灭、破坏。

当年 28 岁的贯桥乡赤卫队长邱顺生，就是因为保存红军标语而被捕的，敌人对他用鞭刑拷打，还把他关进水牢，用尽酷刑折磨他，但他对红军标语不利的话，一个字都没说。

邱顺生的家在贯桥村的曾家排，家里的房子是一栋夯土的土木结构两层民宅，1934 年 7、8 月间，高虎脑战役期间，红三军团的指挥部就设在他家里，红三军团彭德怀、杨尚昆等领导人也住在邱顺生的家里。红军在这栋房子的楼上楼下、里里外外都写上了标语。当敌人指定各家各户要清理红军标语时，邱顺生反应敏捷，连夜将自家大门前两边外墙上的红军政治宣传栏，用黄泥巴给覆盖了。心想，如有时机，标语还是可以重见天日的，而家中房间墙上的红军标语，他就赶紧挪了几个衣柜或钉上木板遮挡。

由于邱顺生行动迅速，事先的隐蔽工作到位，当敌人挨家入户搜查红军标语痕迹时，并没有发现他家里的标语，而是指责他家大门口的两边宣传栏不符清理要求，因此就把邱顺生抓去坐牢了。数月后，敌人见他实在是榨不出油水，只好把他放了。庆幸的是这批标语经历了风险之后，也就安然无恙了，可算是险中求存，这些红军标语总算躲过了一劫。

驿前贯桥曾家排的红军标语（魏叶国摄影）

在之后的十多年里，邱顺生不惧白色恐怖，用心地保护着这些标语：大门两侧的宣传栏原本已经用黄泥巴糊上了，他又在上面刷了一层石灰水；房间里的标语，他用旧纸张严严实实第糊了起来；在标语最多那间房，他除了糊上纸，还把床铺搬了进来，挂上了夏布蚊帐，把标语全部遮挡住了……

1987 年，县博物馆来人复查革命旧址旧居时，邱顺生老人把几十年严密保护的红军标语，小心翼翼地揭去上面的石灰、黄泥和糊纸及木板，终于让这些字迹清晰的红军标语重见天日，重现光彩。

如今，作为红三军团指挥部旧址的这栋普通农家二层小楼，早已被列为省级重点文物保护单位，而那室内外的几十条红军标语，也成为吸引参观者的亮点和重点。当游客们在接受标语内容的革命传统教育和洗礼的同时，也为红军标语群历经 80 多年还能这么完好地保存而感到震撼。

这些红军标语，为苏区后代留下了一笔宝贵的精神财富，它们是广昌革命斗争史的重要实物见证。至今，邱顺生守护红军标语的事迹，也作为红色故事，在红色故土上广为流传。

（魏叶国）

55 一位女红军与红色故土的不了情

1934年仲秋的一天清晨，武夷山西麓山区的丛林中，浓雾升腾，寒气逼人。

天色微亮，塘坊鸭子岭村的农民刘嗣金就来到寨上丝茅排山上挖香槁（注：一种制作蚊香的树根）了。正当他停下锄头时，只见雾气中走来四五位红军战士。他们的裤脚和衫袖都湿透了，看来在山里转很久了。他们看到刘嗣金后，和蔼地说："老表哥，我们是从山后的水尾村过来的，由于连夜赶路，翻过车轿岭隘口之后就迷路了，能否请你帮忙带我们去石城？"刘嗣金是一个本分的农民，他也曾经听乡苏干部宣传过红军，但没有真正接触过。见眼前的这位红军说话和气，并没有强迫之意，这反倒增进了他帮助红军的念头，因此，刘嗣金随即表示愿意。

刘嗣金领着红军战士在大山里穿行，几个小时后他们到了石城县境的东坑。刘嗣金对战士们说，沿着这里走过去，前方就是石城县了。临别了，领头的红军握住刘嗣金的手，感激地说："我叫周建屏。老表哥，你帮了我们的大忙，已辛苦了大半天，耽误了你的活计，但我又拿不出钱来回报你。"说着就从上衣口袋里掏出了一张自己的半身照片，送给刘嗣金作留念。稍停，周建屏又说："老表哥，还有一事要请你帮忙。我们撤离之后，那里还有一个兵站，兵站的战士可能也会沿着这边的山路过来，如果能遇到，请你要设法帮助这批红军。其中一位高个子的女红军叫龚文卿，也请你留意一下。"刘嗣金点头应承。此时的刘嗣金并不知道，龚文卿就是周建屏的妻子。

几天之后的中午，村子里的祠堂前人声嘈杂，刘嗣金走过去一看，原来是村里的大刀会抓到十五六个红军，有男有女，看样子年龄最小的只有十六七岁，其中就有一个高个子女红军。刘嗣金心中咯噔了一下："这些红军莫非就是那天说的兵站里的人？那位高个子女红军可能就是龚文卿吧？"受人之托，不能言而无信。

但怎么救呢？刘嗣金为难了。他急中生智，想出了一个"赎人"的主意。为了稳重起见，刘嗣金单独找到大刀会的匪首刘队长交谈，因为刘队长是他同族的侄孙，管刘嗣金叫叔公。他说："那个高个子的女人，我看中了，想买她来帮我家里做饭，你看要几多钱？另外，请你问问她是哪里人，叫什么名字，愿意跟我吗？"刘队长"哼"的一声说："她会不愿意？她肯定愿意。要不，等我们吃了午饭，就送她一起去见阎王。你说她叫什么，她叫龚文卿，至于哪里人、做什么事的，他们都一律不开口。而你张嘴就要拿钱买她，看叔公你的面子，老婆又死了那么多年，那就 30 块大洋，快去筹钱吧。"刘嗣金心里叹道："土匪就是心黑。"

30 块大洋可不是个小数目，可为了救人，只有去求人借钱。于是，刘嗣金挨家挨户向亲戚朋友开口了。亲朋们听说刘嗣金要续弦，是好事，都很支持。借来的钱再加上自家的全部家底，30 块大洋总算凑齐了。因为怕刘队长变卦，当即就把钱交给了他，刘队长收钱后高兴得直龇牙，马上就把龚文卿交给了刘嗣金。事后有人告诉刘嗣金，刘队长只上交了 10 块大洋，其余的都被他私吞了。

就在龚文卿到了刘嗣金家里的当天下午，那十多位红军就被大刀会押到村后的山坑里，全部杀害，连那位最小年纪的红军也没有被放过。刘嗣金自觉没有营救下这些红军战士而十分内疚。第二天下午，他叫了几位村民帮忙，悄悄地把那些牺牲的红军埋葬了。

龚文卿被救下后，在这个武夷山下的小村庄里生活了17年。在这里的开头几年，龚文卿十分想念周建屏，四处打听红军的去向，在得知红军离开中央苏区以后，心中非常惆怅。后来慢慢就安心在当地生活下来了。龚文卿本分做人，不惹事，不出风头，更没有变节。在这期间，她与邻里们团结友爱，和睦相处。与刘嗣金生活在一起，粗茶淡饭，相敬如宾。为了对外保密，乡亲们都亲切地称她为嗣金叔婆，并为她守护秘密17年。

17年里，龚文卿一直都在思念着自己的红军队伍，盼望着归队，但处于这里信息闭塞，一直得不到红军的任何信息。直到全国解放后，她给丈夫周建屏当年的战友、时任江西省人民政府主席邵式平写信，陈述了自己被迫脱离队伍的经过，并告诉他一直在广昌塘坊生活的境况。当邵式平委托有关部门核查龚文卿所反映的情况属实后，于1951年1月，以江西省人民政府的名义任命龚文卿为广昌县人民委员会委员。同年，邵式平派人把龚文卿接回南昌工作。这时候龚文卿才知道自己的丈夫周建屏已于1938年在河北平山县去世。不久后，省政府任命龚文卿为省政府参事室参事，享受行政十六级待遇。

龚文卿是江西南昌人，1903年6月出生，因家庭贫穷，刚出生父母就将她送人了。养父龚秀山，养母喻凤英，都是裁缝。1926年11月，龚文卿在南昌与国民革命军营长的周建屏结婚，随后同周建屏进入赣东北革命根据地和中央苏区工作。

龚文卿去南昌工作后，依然牵挂着她的塘坊乡亲，时不时会回塘坊熊坊村住上一段时间。

1983年初，龚文卿病情加重，她知道自己剩余的日子不多了，坚持要"回家"。晚辈们把她接回塘坊家里，细心照料。半年后的6月19日，龚文卿在塘坊乡熊坊村病逝，享年81岁。晚辈们按照她的遗愿将

龚文卿像（广昌县博物馆供图）

她安葬在当地的后山上。省政府参事室派人在塘坊主持了追悼会，省有关单位都送了花圈，在悼词中，对她给予了很高的评价。

　　龚文卿的一生，既平凡又传奇。她受丈夫周建屏的影响，直接投入革命的洪流，在艰苦卓绝的岁月里得到磨炼，并迅速成长为坚定的革命者，在那段苦难年代中，她信念坚定，初心不改。而她与广昌红色故土的故事，至今广为流传，她对广昌红土地的眷恋之情，感动着一代又一代这片土地上的人们。

（孙敬民　魏叶国）

191

56 一位乡苏女干部的终身守望

李金标是广昌籍红军英烈，他结婚一个月后就参加了红军，后来在高虎脑战役中英勇牺牲。李金标牺牲后，他的妻子袁玉金用一生的时光思念他，守望他，并把这种守望代代相传。

李金标出生于 1908 年，是新安乡郭园村小组人，他和母亲两人相依为命，平时母亲帮地主家做饭，他自己打点短工来维持生活，生活过得十分清苦。1931 年 1 月，中央红军来到广昌，开展土地革命，建立革命政权，发动群众起来革命，李金标受革命队伍影响，加入了当地的革命组织。

1931 年 3 月，广昌县苏维埃政府成立后，在全县设立了十个区苏维埃政府，区下面又设立乡苏维埃政府。新安乡苏是广昌较早设立的乡级红色政权之一，李金标参加了新安乡苏维埃政府的建设，不久又参加了当地贫农团，他积极发动群众开展打土豪、分田地、支援前线、拥军优属工作，成为当地土地革命斗争的中坚力量。在乡苏维埃政府工作期间，李金标认识了当地妇委会干部袁玉金。袁玉金因反抗封建婚姻买卖从外地逃到新安，在革命形势的影响下，参加了当地妇委会，并在妇委会的领导下，组织当地妇女参加分田、查田、优待红军家属等工作。在工作中，李金标和袁玉金相识相知，互相鼓励。李金标了解到袁玉金孤身一人在新安，身边没有一个亲人，就经常从家里带点吃的用的给袁玉金，两个年轻人的心就渐渐贴近了。有一次，李金标回家告诉母亲袁玉金的情况，母亲就对李金标说，"袁玉金既然无依无靠，我也没个女儿，索性就认袁玉金做个女儿吧，你去问一下袁玉金同不同意。"李金标回到乡里，把这件事告诉了袁玉金，袁玉金非常高兴，爽快地答应了。这一年，袁玉金13岁，李金标也才23岁。

1934年4月底中央红军广昌保卫战失利，国民党反动派和广昌地方反动势力到处抢劫百姓的财产，焚烧房子，奸淫妇女，无恶不作。他们还采用许多灭绝人性的残酷手段，疯狂地逮捕、杀害苏区干部和革命群众，以至于有的拥护红军的群众全家都被杀绝。为了躲避反动势力的迫害，李金标把袁玉金接到自己家里，并于当年6月两人结为夫妻。

1934年5月中旬，红三十四师从建宁赶到广昌南部驻防，并于当年6月先后在郎君桥、头陂组织了两场阻击战。7月3日，红三十四师被迫退守新安下坪一带驻防，并在当地开展扩红运动。袁玉金作为妇委会干部，积极动员丈夫李金标参加红军。7月9日，李金标告别母亲和妻子，准备跟随红三十四师向广昌南部的赤水、大寨脑转移。临别之际，母亲和妻子拉着李金标的手，久久不舍得松开，袁玉金再三叮嘱丈夫要早点回来。

1934年7月中旬起，李金标随同红三十四师先后参加了赤水、大寨脑、高虎脑战斗，在战斗中，李金标作战勇猛，得到连排长的多次表扬。战斗间隙，李金标告诉战友，他刚刚结婚，将来战争结束了，就回去守着媳妇好好在家过日子。8月7日下午，国民党军向红三十四师高虎脑阵地高脚岭、鹅形、香炉峰一带发起进攻，红三十四师全体将士沉着抗击，多次打退敌人冲锋。在战斗中，李金标作战勇敢、奋勇杀敌。后来，敌人又动用飞机和大炮向红军阵地发起猛烈轰炸，李金标不幸中弹，当场壮烈牺牲，年仅26岁。

中央红军主力长征后，袁玉金四处打听丈夫李金标的下落。有人说，

李金标烈士旧居——广昌县旴江镇新安村郭园小组李家厅堂
（揭国柱摄影）

李金标在战斗中牺牲了；也有同村的游击队员回来说，李金标背着枪跟着红军走了。袁玉金从13岁就认识了李金标，三年后结婚，一个月后亲自送丈夫参加红军，从此再也没有见过自己的丈夫，她把对丈夫的爱深深地藏在心里。有时候，袁玉金一个人坐在门前呆呆地望着远方，泪流满面，常常这样一坐就是半天。就这样，袁玉怀着对李金标深深的思念，陪伴着年迈多病的婆婆，守着这个家。袁玉金一边打听李金标的下落，一边和婆婆相依为命，直到婆婆走了，为婆婆送终安葬。婆婆去世后，袁玉金仍然守在家里，一个人独自生活，一直没有改嫁，因为她总想，有一天自己的丈夫李金标突然就回来了。直到新中国成立后，袁玉金也没有得到李金标的下落。1954年，袁玉金从隔壁彭田村领养了一个6岁的女孩，作为她和李金标的继女，取名李秀金。

1957年，民政部门给袁玉金送来烈士证，这时候她才知道，丈夫李金标已经在20多年前的高虎脑战役中牺牲了。在政府的关心帮助下，袁玉金一家生活有了着落。袁玉金虽然有养女李秀金，但毕竟跟烈士李金标没有留下子嗣，袁玉金在上报烈士遗属时，毅然把女儿李秀金作为遗属上报了政府，由李秀金领取了遗属优待证，因为在袁玉金的心中，为李金标多做点事情，就是对丈夫最好的告慰。在政府的关怀下，袁玉金母女俩虽然生活过得十分清苦，但也有了欢声笑语。

1958年，广昌县革命烈士纪念馆建成了。有人告诉袁玉金，烈士馆里展出了红军的像，还有高虎脑战斗的事迹。袁玉金决定去那里寻找她的丈夫。那是一个炎热的夏天，当天晚上，袁玉金早早洗漱完，嘱咐女儿李秀金去睡觉，明天去烈士馆看她的父亲。那天晚上，袁玉金一夜没有合眼，一直坐在床上，等着天亮。第二天天蒙蒙亮，袁玉金就带着女儿上路了。那个年代进城的车辆十分稀少，袁玉金带着女儿走路进城，由于自小缠了脚，袁玉金在坑坑洼洼的马路上蹒跚地向前，有时候，李秀金走累了还要她背一下。就这样，袁玉金母女俩走走停停，直到下午三四点钟才赶到烈士馆。袁玉金向烈士馆的工作人员说明了来意，工作人员热情地接待了他们。

袁玉金走进烈士馆，当看到广昌苏区分田分地的图片时，她就告诉旁边的工作人员，她就是当年的乡苏干部，参加了分田斗争；当看到广昌苏区扩红的图片时，她指着图片对旁边的工作人员说，她当年也是妇委会的干部，当年是她亲自给自己的丈夫披上绶带、挂上红花，送自己的丈夫上前线的；当看到高虎脑战役的惨烈图片时，她哭了，她告诉工作人员，她的丈夫就是在这场战役中牺牲的，她还轻声地告诉小秀金："女儿啊！你的爸爸就是在这里牺牲的，你是红军烈士的后代！"然后，她看着画面轻声地说："金标，我终于看到你啦！金标呀！你当年是村里第一个参加模范营的！金标啊，你离开以后，我一直在家里守着，盼着你回来，盼了一年又一年，现如今婆婆也走了，留下我和女儿相依为命，我们来看你了，金标啊！"说完，再也抑制不住内心悲痛的袁玉金失声痛哭，声音撕心裂肺，在场的工作人员，无不为之动容。

过了好久，袁玉金才停止了哭泣，她擦干了眼泪，对工作人员说，24年啦，今天也算是了了心愿啦，谢谢你们！等有空的时候，我还会再来。说罢，再次望着墙上的画卷，过了好一会，才牵着小秀金，离开了广昌县革命烈士纪念馆。

改革开放后，在家庭联产承包责任制之下，袁玉金家里的收入逐年增加，再加上政府的关心帮助，袁玉金家里的生活一天比一天好。1984年，袁玉金因病去世，走完自己苦难而传奇的一生。

李金标与袁玉金相识出于偶然，因革命而走到一起，又因战争的需要生死相离，虽然相聚是短暂的，但爱的守望却是袁玉金与李金标这对革命夫妻一生的主旋律。

（揭国柱）

57 一条绿毛毯

　　20 世纪 80 年代，在下湖村有一位老红军，叫曾登裕，他家里有一条从苏区时期保存下来的绿色旧毛毯。这条跟随曾登裕几十年的绿毛毯，寄托着他一辈子对那段艰苦斗争年代的无限追思。

　　1931 年 7 月，为了粉碎国民党军对中央苏区的第三次"围剿"，中央红军采取了"诱敌深入"的方针，主动放弃了广昌苏区，广昌县委、县苏工作人员和随同转移的部分区、乡工作人员，改组为广昌工作团，转移至瑞金。那时的曾登裕虽然还不满 20 岁，却是县苏政府的警卫连连长，因此也与工作团一起去了瑞金。当年 11 月底，中革军委将红军干部学校命名为中央军事政治学校，校部设在瑞金城内杨家祠堂。此时，该校要在广昌工作团选调一名警卫人员，广昌工作团推荐了曾登裕。经面试和考察后，曾登裕被批准留在该校做警卫工作。

　　1932 年 1 月，刘伯承来到中央苏区首府瑞金，接任中央军事政治学校校长兼政治委员。当他看到警卫战士曾登裕小小年纪，机智灵敏，就笑着说："你愿不愿跟我当小鬼呀？"曾登裕赶忙回答说："我愿意。"当年说小鬼，指的是首长的警卫员。

　　从此，曾登裕就在刘伯承首长身边当了警卫员。1932 年 10 月，刘伯承调任红军总参谋长，曾登裕便随同首长前往红军总部。

　　那时，刘伯承参谋长经常到各部队检查指导工作。曾登裕骑着战马挎着驳壳枪跟在首长身后跑来跑去,时刻保卫着首长的安全。有一次,他随刘参谋长到部队检查工作,晚上睡觉的时候,刘参谋长怕他冷着,就把自己的一床绿色毛毯让给他盖上。曾登裕第一次盖毛毯感觉到很暖和,但又觉得上面的毛有点扎人,就好奇地问:"首长,这毯子怎么会扎人? "刘参谋长微笑着说:"小鬼,盖习惯了就不会了。这毛毯只有地主人家才有呢。"曾登裕高兴地说:"首长,我今天也享受到地主的生活了。"刘参谋长听后语重心长地说:"小鬼呀,咱们共产党红军干革命的目的,就是为了让广大劳苦大众过上美好的生活啊! "曾登裕听后脑子里豁然开朗起来,也明白了许多革命道理。

在与刘伯承首长相处的日子里,曾登裕感到非常快乐和幸福! 刘伯承只要有空,就会大声喊:"小鬼,过来,过来! 咱们杀两盘。"说着拿出一副象棋往桌子上一放。

第一次下象棋,曾登裕便红着脸不好意思地说:"首长,我还不会呢。"刘伯承听后乐呵呵地说:"这很简单,我来教你,马上就能学会。"后来曾登裕学会了下象棋,只要听到首长喊:"小鬼,过来! "曾登裕便知道,首长要下象棋了,于是便应答:"来了,来了! "兴冲冲地跑过去。

1934 年初的一天,刘伯承对曾登裕说:"小鬼,你跟了我这么长时间了,不能老让你当警卫员,决定让你下基层当连长去。"曾登裕听说要离开首长,心里顿时不好受,恳求说:"首长,我愿意一辈子当您的警卫员。"首长摸着他的头说:"傻小子,怎么能让你一辈子当警卫员呢? 岂不是误了你的前程吗? "后来,组织上分配曾登裕到红三十四师第一〇〇团二营四连任连长。临别时,刘伯承见曾登裕眼眶里闪着泪花,便轻轻地拍了拍他的肩膀,亲切地说:"好好干,多向别人学习! "接着他拿出自己的绿毛毯送给曾登裕:"小鬼,你带上它,行军打仗用得上。"曾登裕推辞不过首长,只好默默地接过毛毯,依依不舍地向首长告别。

1934年11月底，中央红军主力强渡湘江，红三十四师负责后卫任务，阻击了数十倍的敌人，最后弹尽援绝，队伍被打散了，曾登裕也负伤昏迷，当他苏醒过来时，周围尸横遍野，战场上找不到一个活人。

后来，曾登裕历尽千辛万苦，沿途乞讨回到家乡广昌。回到家乡以后，他带着对红军的无限思念，把首长送他那条绿毛毯小心翼翼地珍藏起来。他一方面要四处躲避国民党反动派的迫害，另一方面又从各处打听红军的去向，心里总盼着红军早日回来。

解放后，曾登裕终于等来了共产党，等来了当年的红军。他一次次拿出那条绿毛毯，久久凝视着，心中似乎在追思当年红军的战斗往事，耳中仿佛听到中国人民解放军进军的号角……

在土改中，曾登裕家里分得了土地。在后来的日子里，他安心在家从事农业生产，积极参加乡村建设，家庭生活也逐步得到改善。说起往事，他总是说："比起那些牺牲的战友，我已经很知足了。"在他后来几十年的生产和生活中，只要想起红军，他就会拿起那条绿毛毯，心中就会产生一种莫名的温暖和动力……

（邓仁跃）

58 扩红"模范妇女"曾四攸

1929年3月，毛泽东第一次进入广昌，亲手点燃了广昌土地革命的烈火。广昌人民从共产党人和红军的革命宗旨中深切感受到红军是解救劳苦大众的人民军队，于是纷纷参加红军，到处传唱《十送郎》等革命歌曲。

为保卫红色家园，配合红军进行反"围剿"战争，在县委和县苏的领导下，全县蓬勃开展扩红运动。在这场扩红运动中，广昌县长生区妇委会发挥了独特的作用，她们积极发动妇女，宣传、鼓励自己的亲人——丈夫或儿子去参军，成效非常显著。

为了营造"好儿郎当红军"的氛围，妇委会干部曾四攸组织宣传队，活跃在各地，宣传"红军是劳苦大众的队伍""参加红军最光荣"，鼓励青年踊跃参军。同时还组织妇委会的干部采取个别动员及亲串亲、邻串邻等方式进行扎根串联，提高群众参军热情，激发广大群众参加红军的自豪感。当新战士入伍时，曾四攸等妇委会干部组织男女老少夹道欢迎欢送，向战士们敬礼，给战士们唱歌。曾四攸还组织慰劳队，把事先做好的布鞋、草鞋和募捐来的鸡蛋、鲜鱼、鲜肉等慰问品送到红军驻地或战地去慰劳红军。

为了做好扩红工作，曾四攸以身作则，带头动员自己的儿子和侄子参加红军。曾四攸的丈夫听到妻子要送自己的儿子去参军，百般不情

素描《长生区妇女代表魏桂英送丈夫参加红军》

（广昌高虎脑红色展馆供图）

愿。曾四伢就耐心地做丈夫的工作："我是区苏干部，我的儿子不去当兵，怎么动员别人家的儿子、丈夫去当兵？再说红军是咱们穷人的队伍，是为咱们穷人打天下求解放的，参加红军无上光荣！"丈夫听后，脸有些红了，连声说："是，是，是我的觉悟不够，我们的儿子应该为咱穷人打天下！我支持你的工作。"接兵的红军代表来了，曾四伢和丈夫一起把儿子和侄子亲手交给军代表。曾四伢再三叮嘱儿子和侄子："好好努力，要听部队首长的话。"望着儿子远去的背影，曾四伢和丈夫还是忍不住潸然泪下。

因在扩红运动中表现突出，曾四伢被江西省苏维埃政府授予"江西省模范妇女"光荣称号，并被省女工妇女代表大会授予银质奖章。

在曾四伢等妇委会干部的领头和宣传动员下，长生区地域涌现出父母送儿子、妻子送丈夫、姐妹送兄弟参军的一幕幕动人画面。在长生区扩红运动的影响下，尖峰区上湖乡农民李付新夫妇亲自送两个儿子参加了红军；新安区回辛乡刘集宝的母亲送独生儿子参军；新安区新安乡袁玉金动员结婚不到一个月的丈夫李金标参加了红军；驿前区田西乡妇女巫桂莲，上有婆婆下有两个小儿女，生活负担重，她都毅然动员丈夫赖喜旺参加了红军……

1934年4月，广昌保卫战即将打响，红军将士一部前往北部甘竹阻击国民党军进攻。曾四伢召集袁玉金、巫桂莲、黄赤伢以及刘集宝的母亲等妇委会代表，聚集在长生桥头为红军将士壮行。曾四伢在长长的红军队伍中找到了自己的儿子和侄子，看着他们戴着军帽、穿着军服英姿飒爽地站立在队伍中，万分自豪，激动得热泪盈眶。她从壶里倒了一碗酒递给儿子，儿子双手接过碗喝了一口，又递给身后的堂弟，堂弟喝了一口，把碗递还给曾四伢，并向她行了一个军礼。曾四伢的儿子迈出队伍一步，拥抱了一下自己的母亲，然后敬了一个军礼，对母亲说："娘，您放心，我们已经是一名红军战士了！我们一定会打胜仗归来。"

红军将士一一喝完乡亲们送来的壮行酒，与亲人深情话别后，整理好队伍，即刻大踏步向北进发。

望着红军将士前行的队伍，曾四伢、袁玉金、巫桂莲、黄赤伢以及妇委会的姐妹们站在长生桥头大声唱起了《十送郎》：

> 一送郎哥我红军，革命道路要认清，
> 反动道路你莫去，土豪劣绅是敌人。
> 哥呀！妹呀！土豪劣绅是敌人。
> 二送郎哥我红军，军阀地主我敌人，
> 压迫工农最残酷，剥削工农最无情。
> 哥呀！妹呀！剥削工农最无情。
> 三送郎哥我红军，帝国主义是敌人，
> 首先打倒日本鬼，收复热河东三省。
> 哥呀！妹呀！收复热河东三省。

四送郎哥我红军，冲锋杀敌不留情，

冲锋陷阵要前进，夺取政权要斗争。

哥呀！妹呀！夺取政权要斗争。

五送郎哥我红军，无产阶级要革命，

领导革命共产党，联合农民做同盟。

哥呀！妹呀！联合农民做同盟。

六送郎哥我红军，红军本是国际军，

统治阶级最残酷，工农群众是兄弟。

哥呀！妹呀！工农群众是兄弟。

七送郎哥我红军，不害乡村老百姓，

乡村百姓我兄弟，乡村百姓我亲人，

哥呀！妹呀！乡村百姓我亲人。

八送郎哥我红军，我郎作战要英勇，

家中分得好田地，为的土地而斗争。

哥呀！妹呀！为的土地而斗争。

九送郎哥我红军，家里不用你挂心，

群众帮助耕田地，更有政府助我们。

哥呀！妹呀！更有政府助我们。

十送郎哥我红军，阶级斗争要决心，

完成革命回家转，那时人类才平等。

哥呀！妹呀！那时人类才平等。

……

妇女们唱着唱着，个个热泪盈眶，他们看到红军雄壮的队伍，听着部队铿锵的脚步声，似乎听到了红军进军的号角……

（揭国柱）

59 表 嫂

中央苏区时期，在苦竹潘田村有一位大嫂，为了掩护苏区干部脱险，不顾敌人鞭打威逼和家人的安危，与敌人巧妙周旋，最终掩护苏区干部安全脱险，展示了苏区干部与群众生死相依、肝胆相照的干群关系。

那是 1934 年农历六月，国民党军正集中精力准备向广昌南部进攻，对县城周边及其边远的地区还无暇顾及。因此，山区苦竹一带的区、乡苏维埃政府依然在紧张地开展各项工作。当时，有一位叫章元珠的苦竹区苏政府少共委员，被分派到赤白交界的潘田乡领导夏收，抢收早稻。

六月的太阳像炭火一样烤人，乡苏干部小章一连几天帮助农户抢收稻谷，感觉有些疲惫。这天夜晚，大家力劝小章到乡苏驻地去好好睡一觉。

潘田乡苏驻地的房屋，实际上是一幢小祠堂，祠堂的西边是办公室，而东边的房间住了一户当地农民。这户人家在土地革命前是一户雇农家庭，缺衣少食的夫妻俩原先是住在山里自搭的茅棚里。红军来了后，乡政府让他们搬到这里居住，他们生了两个小孩，生活过得还不错。第五次反"围剿"期间，中央苏维埃政府号召扩大百万红军时，男的参加红军跟着部队走了，他妻子除了带两个小孩外，还参加了乡苏政府组织的洗衣队和耕田队。因为村里的年轻人都叫她"表嫂"，小章也就跟着叫。这位表嫂看来 30 岁左右，匀称的身材，剪着短发，长得挺灵气，脸上黑里透红，总是带着笑容。

　　这天晚上小章很快就睡着了。半夜里，一声清脆的枪响，打破了平静的黑夜，顿时村里的狗汪汪地叫声连连。战争岁月里高度的警觉性，使小章立刻翻身坐了起来，意识到这是对面山头哨位报警的枪声，他正想走出房间探明情况时，突然"叭叭"的枪声已在周边不停地响起，并伴随着"捉共匪！""抓活的！"杂乱的叫声由远而近。突如其来的情况，小章心里不由得有些紧张。这时，表嫂忽然奔进房来，拉着小章就往外跑，到了大门边，只见朦胧的月色中已有许多黑影正朝这祠堂窜来，子弹也嗖嗖地向这里射来，打在门边的砖墙上，发出"扑扑"的响声。小章感觉到从大门是出不去了，就赶紧把大门关上，并听得嘈杂的人声越来越近，心里感到有些慌乱。此时，表嫂却表现得很沉稳，她靠近小章的耳根细声地说了几句话，小章当即领会了其意，马上拔开门闩，打开大门，转身就朝上厅东边的小门闪了出去，表嫂跟在后面随手把小门关了，就回到自己的房间去了。

　　此时，屋后的山上也传来了杂乱的脚步声和四处乱射的手电筒亮光，小章则摸进了靠小门边上的猪栏里，让栏门开着，自己就蹲在门后的角落里。

　　这是一间很破旧的猪栏，多年没有养猪了，里面只有一些稻草。猪栏的下半部是用竹篾和竹丫围起来的围栏，上半部都空的，只有四角是用四根木柱顶着栏的屋面，人只要站在栏边，向里张望，就可以看见栏里的每个角落。

　　从后山下来的敌人从栏边走过，并用力地捶打祠堂的小门，同时高声地喊叫"开门！"从大门进去的敌人在里面打开了小门，就在祠堂里翻箱倒柜，"哗啦""咣啷"声不断。一个鸭公式的粗嗓子同时恶狠狠地喊道："刚才有共匪在这里住吗？"好久都没听到回答声。粗嗓子又大声叫道："快说！有共匪在这里住吗？"这时，听到表嫂在房里回答："枪响后，好像有个人影从……大门外跑了！""跑了？莫非他飞了！老实点！你把共匪藏到哪里去了！不说就打死你！"好久没有回答。祠堂里响起了一阵用鞭子打人的"啪啪"声。

小章在猪栏里屏住呼吸，倾听着祠堂里发出的一切声响，仿佛看见表嫂在鞭子抽打下的挣扎，但始终没有听到她的一声喊叫。小章心里像刀割似的难受。他知道表嫂是怕他沉不住气，做出冲动的行为，而宁愿忍受着皮鞭抽打的痛苦，也不愿哼一声。小章想，难道就这样为了我让敌人一直对表嫂抽打着吗？不！我得出去，看这些白狗子能把我怎么样！小章忽地站起来。然而，就在此时，打人的声音停住了，只听见粗嗓子在说，"好！你不说是吧，搜出来，就要你的命！弟兄们！给我快搜，水缸、灶窟、橱柜、后门等都要仔细地搜！"

霎时，祠堂里面传来好一阵的砸锅破缸、翻箱倒柜的混杂声，几个士兵从小门走出来，对着猪栏旁边的稻草和柴火堆，又是推倒，又是用刺刀一一插过，手电筒的亮光在小章的头上晃来晃去，小章的心紧张得快要跳出来。

万幸，不出表嫂所料，这个开着门的旧猪栏，始终没有引起敌人的怀疑。搜了一阵后，敌人毫无所获，他们只好陆续地搜上后山去了。

敌人的身影刚消失在夜幕里，表嫂就走到猪栏边轻声地喊道："章同志，快到屋里来。"

小章快步地走出栏门，跟着表嫂进了屋。在微弱的灯光下，只见表嫂的衣服上面血迹斑斑。小章正想向她道谢，突然后山上又传来嘈杂声，他赶忙又想回到猪栏里躲藏，表嫂一把拦住，拉着他就往自己的房间走去，并让他躲在床头的后面，轻声地说："这里刚搜过了，他们不会来的。"

小门外又响起了那个讨厌的粗嗓子："婊子崽，难道他真的飞上天？嘿！这个猪栏还没有搜，快到里面搜一遍！"

紧接着，几个端着长枪刺刀的匪兵便进入猪栏，用刺刀在禾草中乱刺。

小章的心情又一次紧张起来，好险呀，要不是表嫂机智，这回真的就被敌人抓住了。他伏在床后，听着表嫂两个熟睡孩子的呼吸声，不由得更加慌张起来，万一敌人再来这个房间搜查，怎么办呢？我不怕死，怕的是连累了表嫂和她的孩子。小章站起来，在微弱的灯光下，透过蚊帐看见表嫂面向房门，侧身坐在床沿上轻轻地拍着小孩，她的脸色是那样地沉稳镇静。然而，从她不时地张望房门，试图窥视门外动静不安的表情里，小章也看出了此时表嫂还是无比地担心。

"呼！呼……"外面传来了激烈的枪声，紧接着又响起了急促的哨子声和杂乱奔跑的脚步声。小门外的匪兵都惊慌地穿过祠堂，从大门口蹿了出去。此时，小章知道是我们的队伍赶过来了，正起身出门，潘田游击队的刘队长带着几个游击队员就冲进了祠堂，一见面就说："哎呀！小章同志，真叫人替你担心。"接着又说："我们队伍里出了个叛徒！幸好我们的哨位发现他带着保安团的人来这里抓你。接到哨位传来的急报，我们全队 40 多人就从尧山营地跑步过来了。"

刘队长揩了一下额头上的汗水，打量着小章，对他说："没出事就好。你是怎么脱险的？""多亏了表嫂……"小章正要往下说，忽然，游击队的通信员小陈急忙忙地跑进了祠堂，说："队长，我们的同志全都去追白狗子了，排长要我转告你，如果这里没事，就请你也赶快过去。"于是，刘队长拉紧小章的手就往大门外跑去，而小章甚至来不及对表嫂说一声"谢谢"，就跟着队长他们消失在茫茫的夜色之中。

是呀，在那烽火连天的年代里，由于苏区干部与人民群众同呼吸、共命运、心连心，才赢得了百姓的支持与拥戴。当苏区干部遭遇危险时，这位来不及问清名字的农村表嫂能够挺身而出、义无反顾地伸出援手，不顾自己的安危，设法帮助苏区干部脱离险境，这种鱼水情深、以命相托的干群关系，值得我们永远歌颂与传承！

（魏叶国）

60 永远的红色情怀

在广昌驿前圩镇附近的一个小山岗上，有一座无字青砖墓碑的坟茔，这里安葬着一位苏区时期牺牲的红军女战士。每逢清明时节，当地的吴氏一家都会来到这里祭扫。红军女战士牺牲至今已近90年了，为何吴氏子孙矢志不移，如此坚守，其中深藏着什么样的往事呢？这还得从这位女红军当年的遭遇说起。

第五次反"围剿"的驿前战斗结束后，红军奉命向石城方向退守。在高虎脑战役中的驿前战斗中，有一位红军女战士身负重伤，后与部队失散。她想留在驿前当地秘密治伤，待伤好后，再去寻找革命队伍。

女红军在山里躲藏了几天，吃的东西没有了，伤口也开始恶化，发着高烧、全身无力的她决意冒险去找药找吃的。这天夜里，借着朦胧的月光，她拄着一根棍子，独自在崎岖的山路上蹒跚前行，在后半夜时，终于来到了驿前圩镇上。街上一片漆黑，寂寥无人，东找西找，在朦胧中终于发现了一家药铺。

药铺老板名叫吴冠生，生于1905年，身材高大，是一位精明能干的男子。他18岁时就随父亲从家乡南城来到广昌驿前收购药材。当时驿前圩上没有一家上好的药铺店，25岁那年，他萌发了在驿前街上开一家药店的念头。在得到父母同意之后，他一边收购药材，一边用祖传的药方给人看病。经过两年多的努力，他的行医名望慢慢传遍了整个驿前乡里。

药铺老板吴冠生听见深夜有人敲门，心里猛然一惊。因为他知道前几天工农红军与国民党军在这里打了一场大仗，红军的部队于8月30日下午就撤离了驿前。难道是国民党军来搜查？敲门声越来越急促，只好打开店门。定睛一看，是一位二十五六岁的女子，凌乱的头发，褴褛的衣服，苍白的脸颊，满是鲜血的右手按住大腿右侧，身子偎依在店门的门框上，一双黑眼眶里泛出无神的眼光，只见她抬起无力的左手，指向店里。吴冠生见状，二话没说，赶紧把她搀扶到店里，关好了店门。他熄灭店堂里的油灯，点上里屋的灯盏，赶忙拿药救人。两小时后，终于清理好了伤口，上好了药。吴冠生小心翼翼地端来一碗人参红枣粥和晚餐剩余的红薯，递给女红军。"吃点东西吧，"吴冠生说，"趁还没有天亮，我带你去山里的一个小屋里躲一躲。"

在吴冠生的精心治疗下，三个月后，女红军的伤口痊愈了。吴冠生对女红军说："你长期躲在大山里，生活非常艰难，不如到我药店里帮帮忙，帮我打理打理药铺。"并且还说："对外人就说你是我在行医时找的女人。"听了这位好心人的劝说，女红军点头应许下来。于是，女红军从大山里来到吴冠生药店里，一面帮助打理药铺，一面打听红军部队的消息。在得知红军主力离开苏区不知去向以后，女红军无比沮丧。每在这种情境下，吴冠生总是安慰她，"就在我这里安心生活吧，红军总有一天会回来的。"女红军见吴冠生心地善良，又对自己关心无微不至，就把找队伍的念头压在了心底。两人朝夕相处，互有好感，日久生情，不久后结成了夫妻。

1935年1月的一天，吴冠生出门去山里采药。他走后不久，店里就闯进来一伙搜查"共党残余分子"的国民党兵。女红军若无其事地继续忙着店里的活儿，国民党地方兵见她面孔生疏，说话也不像是本地口音，于是缠着不断盘问。女红军就是置之不理，硬不回答。国民党兵气急败坏，把店里的东西砸得乱七八糟，还把女红军绑了起来，押送到乡公所边的草坪上当众严刑拷打，想从她的嘴里问出个有关地下共产党的情况来。女红军不但不理睬，反而奋力昂起头，一口的鲜血吐向刽子手，溅得对方满脸是血。这时，刽子手变本加厉，再施酷刑，女红军昏了过去。

次日上午，国民党军见女红军战士十分顽强，也得不到共产党的什么消息，就把女红军押到圩镇边上准备当众杀害，以震慑民众。当被押送到距离驿前镇圩不远处时，女红军使出全身的力量，连声高呼："打倒国民党反动派！解放全中国！中国共产党万岁！"这时，穷凶极恶的国民党兵端起刺刀向女红军连刺两刀。女红军倒在了血泊中，壮烈牺牲。

吴冠生采药回来后，得知了妻子身死的消息，他悲痛欲绝。晚上，他悄悄地把妻子尸体运到附近的山上掩埋了，并立了一块无字青砖碑。为了防止国民党军来抓自己，吴冠生连夜逃往异地他乡，过着东躲西藏的流浪生活。在兵荒马乱的年代，吴冠生饱尝了精神的煎熬、生活的苦难。

逃亡中的吴冠生总会想起妻子生前给他讲过革命道理，那时候他似懂非懂，而今却豁然开朗，他盼着红军回来，来解放广大的穷困百姓。

两年后，吴冠生又辗转回到驿前。不久他再次成了家，后来育有三男四女七个小孩。虽然略懂医药，但在"刮民党"的残酷压迫下，他们一家生活仍然困顿。

吴冠生永远忘不了他的红军前妻。每到清明时节，吴冠生都要来到前妻墓前扫墓，刚开始是自己一个人来，后来他慢慢地把家人孩子们都带上了，他告诉了他们这墓里躺的是一位伟大的女性，她为了人民的解放，献出了自己的生命。

新中国成立后，每年清明节全家过来扫墓已经成为吴冠生一家的一件大事。每次，他们细心地清理青砖坟茔周边的杂草枯枝，将墓地周围打扫得干干净净，并按当地风俗，焚纸燃烛，鞠躬作揖。吴冠生告诉儿孙们："我的前妻是一位红军战士，姓陈，由于那个时候怕连累我，她始终没有告诉我她的全名。以后你们就叫她——红军婆婆吧。"从此之后，吴家子女和当地群众都把这位女烈士称为红军婆婆。

1984 年吴冠生因病去世。在弥留之际，他交待三个儿子：红军婆婆和你们的亲婆婆（注：广昌方言的婆婆即奶奶）一样，今后清明节，要坚持给红军婆婆扫墓。

吴冠生去世以后，吴氏后人遵照祖辈吴冠生的遗愿，每到清明时节，都会邀集好家人，一起为红军婆婆扫墓，这已成为吴家人每年的例行之事。红军婆婆牺牲至今已近 90 年了，这 90 年，吴家人的这份红色情怀世代坚守，在广昌群众中传为佳话。

（张卫国）

后 记

为了缅怀革命先辈的丰功伟绩，大力弘扬苏区精神，继承和发扬革命传统，充分展示中央红军和广昌苏区人民奋斗的历史内涵和时代价值，我们特地编纂出版了这本《红星闪闪——广昌红色故事集》。

这本故事集是集体智慧的结晶，是广昌红色文化研究者辛勤劳动的成果。在近一年的编撰过程中，编辑部的同志与作者们几经商讨，反复修改，数易其稿，最后精选了在大家现在看到的这60篇红色故事。这些红色故事记述了大革命和土地革命时期在广昌涌现的英雄人物和发生的重大事件，真实地再现了中国共产党人、中央红军和广昌苏区人民前仆后继、英勇顽强、流血牺牲的动人事迹。把这本《红星闪闪——广昌红色故事集》呈献给广大读者，希望能激励人们以革命先辈为榜样，继承革命传统，为全面建成中国特色社会主义现代化强国谱写新的篇章。

本书由中共广昌县委党校原常务副校长、高级讲师、广昌红色文化研究会会长胡叔敏担任主编；广昌县博物馆原馆长、文博副研究员魏叶国，广昌第三中学高级教师杨菊秀任副主编。胡叔敏负责全书的策划、统稿和修改；魏叶国、杨菊秀负责审稿和修改；县委党校讲师揭国柱和广昌职业学校高级教师张卫国负责文稿的校对；县委宣传部干部赖广生参与了图片编辑工作。

　　本书的编撰和出版工作，得到上级许多部门和领导、专家的关心与支持。中共中央政策研究室原主任、原中央文献研究室主任滕文生同志为本书题词，中共江西省委党史研究室组织专家认真审读了书稿，江西人民出版社的黄心刚、魏如祥等同志给予了大力支持，中共抚州市委宣传部给予了关心支持。广昌县委、县政府高度重视本书的编撰、出版工作，中共广昌县委书记吴自胜同志为本书作序。此外，广昌各县直单位和乡镇也给予了热情的帮助。在此，一并表示衷心的感谢！

　　《红星闪闪——广昌红色故事集》以图文并茂的形式，展示了中共广昌地方组织的奋斗历史和红色文化的丰厚内涵，期盼本书能带给广大干部群众特别是青少年红色文化的滋养。

　　由于编写水平和掌握的资料所限，本书难免存在缺点和不足，欢迎读者批评指正。

编　者
2023 年 5 月